「女子」の誕生

米澤泉

keiso shobo

はしがき

二一世紀を迎える頃からファッション誌では、従来とは異なる意味合いで「女子」という言葉が多用されるようになった。少女ではなく、成熟した女性に対して、「女子」と呼びかけ、ひいては「三〇代女子」「四〇代女子」というように、年齢を重ねても「大人女子」であると定義づけられたのだ。なぜ、ファッション誌において「女子」が誕生し、女性たちは自ら積極的に「女子」を名乗るようになったのか。

本書は、腐女子や文化系女子といった少数派の女子ではなく、多数派であるがゆえに従来の研究対象からは毀れ落ちていたファッション誌の「女子」を正面から取り上げることで、ゼロ年代以降に急変していった女性たちの生き方、社会意識を浮き彫りにするものである。

まず序章では、現在の「女子」ブームに至るまでの道のりを改めて辿ったうえで、日本におけるファッション誌研究の現状を述べる。

第一章では、その嚆矢となった宝島社の『Sweet』を取り上げ、「女子」誕生の経緯を追う。『Sweet』の「28歳、一生〝女の子〟宣言！」によって、フリルやリボンのついたファッションが「大人かわいい」という言葉とともに解禁され、いとも簡単に「常識」や年齢を飛び越えたこと、またそれを着る「女子」が誕生したことを描き出す。また近年、多く見受けられる「女子」をコンセプトにした雑誌を分析することで、女性たちが「女子」に求めているものを明確にする。

第二章では、当初、二〇代後半から三〇代前半が中心だった「女子」が、三〇代後半、四〇代へと広がりを見せている様子を宝島社の雑誌（通称・青文字雑誌）『InRed』と『GLOW』を中心に検証する。また、青文字雑誌の影響を受けた四〇代独身女性向け新雑誌『DRESS』を取り上げ、従来の同世代向け雑誌との差異を示したうえで、雑誌世代である現在の四〇代女性がいかに雑誌と共に生きてきたのか、「大人女子」という生き方を読み解いていく。

第三章では、今まで論じてきた「女子」像とは一線を画す、専業主婦志向の光文社の雑誌（通称・赤文字雑誌）を分析する。まず、三〇代「新専業主婦」の雑誌『VERY』を俎上に載せ、そのファッションと読者像、彼女たちが直面している問題を明確にする。また、九五年に「新専業主婦」雑誌として創刊された同誌が、現在では「働く主婦」（「ワーママ」）を提唱していることや同じ光文社の美容雑誌『美ST』から生みだされた「美魔女」に着目し、専業主婦志向の女性たちの求める

「幸せな結婚」が揺らいでいること、そこにも「女子」の影響が見られることを明らかにする。

　第四章では、八〇年代の戸川純に端を発する「不思議ちゃん」と現在の「女子」との関連を述べたうえで、「女子」を着て、「女子」を生きるということ、すなわちファッション誌における「女子力」の意味を問う。

　たとえ、ファッション誌において「女子」という言葉が現在ほど使われなくなったとしても、女性たちは「女子」であり続けようとするのではないか。年齢を重ねても、好きな格好をしたい。終章で取り上げた写真家・蜷川実花のように、女性たちは自覚的にファッション誌の「女子」を名乗ることで、「良妻賢母規範」をも軽妙に脱ぎ捨てようとしている。その時、ファッションや化粧という極めて表層的な手段は、「女子力」という名の装いの力として、女性たちが「女子」として自由に生きていくための原動力となっているのである。

　本書は、二一世紀の初頭、ファッション誌というメディアによってようやく、「女子」を着て、「女子」を生きられるようになったことを解き明かすものである。ファッション誌の「女子」たちが、装いによって「常識」を超え、年齢を超え、時には価値観や、規範を揺るがせていることが明白になるだろう。ファッションや化粧が瑣末な日常の営みを超え、繭と鎧になり、「女子」を守る力となっていることも。

「女子」の誕生／目次

終章　仮装と武装——「女子」的蜷川実花論……199

序章　ファッション誌的「女子」論

1　「女子」ブームと「女子力」

女子力、女子会、大人女子、肉食女子……。世の中には女子が溢れているが、いったい「女子」とは誰を指しているのだろうか。なぜ、「女子」という言葉がこれほど使われるようになったのだろうか。そもそも、いつ頃から「女子」は蔓延しているのだろうか。

その始まりを突き詰めていくと、ファッション誌に辿りつく。二一世紀を迎える頃からファッション誌では、少女ではなく成熟した女性に対して、「女子」と呼びかけるようになった。ひいては「三〇代女子」「四〇代女子」というように、年齢を重ねても「大人女子」なのだと考えられるようになった。なぜ、ファッション誌において「女子」が誕生したのか。女の欲望図鑑であるファッション誌を渉猟することでその答えを明らかにしていきたい。

日本のファッション誌の誕生から約四〇年間の変遷については、拙著『私に萌える女たち』（米澤 2010）において、ある程度は追うことができた。しかし、その後もファッション誌は、変化し続けている。女性たちの欲望と生き方の変化に伴って、いくつものファッション誌が生まれ、いくつものファッション誌が終焉を迎えている。平凡出版（現・マガジンハウス）で『週刊平凡』編集長や『an・an』・『Olive』編集室長を務めた浜崎廣は、『雑誌の死に方――〝生き物〟としての雑誌、その生態学』（浜崎 1998）で、雑誌を「生き物」に擬え、雑誌の創刊（誕生）からその廃刊（死）までを追い、雑誌の生きざまを追っている。

本書もまた、主に二〇〇〇年代以降のファッション誌受難の時代に生まれながらも、支持を得ている実用ファッション誌の「生きざま」を分析し、なぜその雑誌が必要とされたのか。なぜ、読者を惹きつけるのか、を考えたいと思う。とりわけ、ファッション誌において「女子」という言葉が使われるようになった「女子」誕生以降の時代のファッション誌の「生態」を見ていくことになるだろう。

「女子」はファッション誌を抜きに語れない。ファッション誌の「女子」こそ、この「女子」ブームの火付け役であり、牽引役であるのだから。大正期、婦人雑誌によって「主婦」が、あるいは女学生雑誌によって「少女」が誕生したように(1)、二一世紀の初頭には、ファッション誌によって

「女子」が誕生したのではないだろうか。

では、「女子」と言う言葉はいつ頃から特別な意味を含んで使われるようになったのか。男子、女子という学校時代の分類でもなく、スポーツの世界における区別でもない、「女子」がメディア上で広まりだしたのは、二〇〇〇年代に入ってからのことである。メディアで、とりわけファッション誌において「女子」という言葉を最初に使用したのは、人気マンガ家の安野モヨコだと言われている。安野は、一九九八年に創刊された初の化粧情報誌『VoCE』（講談社）において、創刊時から「美人画報」というイラストがメインのエッセイを連載していた。その「美人画報」誌上で、安野が「女子」や「女子力」という言葉を頻繁に登場させたことがそもそも「女子」ブームの始まりなのだ。『VoCE』という雑誌が、日本初の化粧情報誌である性格上、エッセイでは安野が「美人」になるために、さまざまな努力を行う様子が、時に真剣に、時にユーモラスに描かれる。この辺りは、『an・an』（マガジンハウス）誌上で作家の林真理子が二〇〇六年から連載しているエッセイ「美女入門」[2]にも共通するところがあるだろう。

とにかく、『人は見た目が9割』（竹内 2005）の外見至上主義社会が到来した一九九〇年代から、老若男女を問わず、人々は身体改造に熱中するようになり、化粧が一種のブームのようになった。男子オリンピック選手までが、茶髪に細眉でジャンプする『コスメの時代』（米澤 2008）がやってきたのである。しだいに、化粧は身だしなみの域を遥かに超え、自己表現、自己プロデュースであると考えられるようになった。もはや化粧は欠点を隠し、修正するものではない。なりたい自分になるための最も有効な手段である。美人に生まれるのではない。美人になるのだ。そんな言説が創刊されたばかりの化粧情報誌によって繰り返し語られ、「努力の末に美を獲得する」のは自明のこととなった。これを機に、それまで「何もしていない」かのように装っていた女優やモデルが自らの美容法を公開するようになったのである。『紀香バディ！』（VoCE編集部 2007）の藤原紀香がその代表選手であろう。

よって安野の「美人画報」も、九〇年代以降の「美人は誰でもなれる」（『an・an』二〇〇四年一〇月二〇日号）「コスメの時代」に突入してから描かれたことに留意すべきであり、そこに「女子力」という適切な言葉が与えられたことで、「美しくなるためにさまざまな努力を行うこと」＝「女子力」という定義が定着していった。

その後、安野モヨコが「美人画報」の連載をまとめて単行本化することにより、「女子」や「女子力」という言葉は一般化することになった。とりわけ、二〇〇一年に出版された二冊目の『美人画報ハイパー』（安野 2001）では、「女子」と「女子力」の文字が躍っている。

この流れを受けて、他のファッション誌でも「女子」や「女子力」という言葉が好んで使われるようになり、ついには週刊誌の『AERA』（アエラ、朝日新聞出版）が二〇〇二年六月三日号で「三十すぎても『女子』な私たち――学校時代の対等な感じで男社会に自然に立ちたい」という記事を掲載するに至る。ここで、特筆すべきなのは、ファッション誌を中心に広がりを見せた「女子」という言葉に、二〇代ではなく、アラサーと呼ばれる三〇歳前後の女性が飛びついたということ、また「学校時代の対等な感じで男社会に自然に立ちたい」とあるように、むしろ過剰な女性性を軽減する言葉として「女子」が積極的に使われているということだ。

「女子」の産みの親とされる安野モヨコも、『VoCE』での連載開始時には、すでに二〇代後半のアラサーに達しており、二〇〇〇年以降、「美人画報」連載上で「女子」や「女子力」を連発していた頃は、三〇代前半であった。つまり、当初から「女子」という言葉を肯定的に捉え、使いだしたのは、本来の女子の年代を過ぎた女性たちであったのだ。

それを裏付けるように、二〇〇三年には「三〇代女子」を掲げて、宝島社から『InRed』というファッション誌が創刊されている。これ以降、ファッション誌においては「三〇代女子」や「大人女子」という言葉が確信犯的に多用されるようになり、現在に至っている。

一方、「女子力」という言葉は、その後どのような経緯を辿って広まっていったのだろうか。二〇〇六年末に出版された『現代用語の基礎知識2007年版』では、「女子力」が次のように定義されている。「キレイになりたいと願い、行動する力。ダイエットや美容、ファッションから恋愛まで幅広い。」

「女子」が男性に対して「対等な感じ」をもたらすのに対し、「女子力」はどちらかと言えば「男性に向けての力」として理解され、むしろ「女子」とは反対の意味合いで使用されている。男性に媚びない「女子」と男性に媚びるための「女子力」。「現代用語」として市民権を得る一方で、「女子」と「女子力」のねじれが起こってしまったのだ。
このようなねじれ現象を解消する方向で「女子力」を掲げたのが、二〇〇七年に甲南女子大学がブランド戦略として行ったキャンペーンである。女子大の謳う、「女子力」とはどのようなものなのか。当然のことながら「現代用語」の定義とは異なるものが期待されるであろう。

「甲南『女子力』――『女子力』を磨くためのヒント」と題された小冊子には、

「女子」であるあなたにとって、「女子力」は、限りのない、一生もの。
この甲南女子大学で、「女子力」をもっと上げてゆきましょう！
それは、あなたがあなたらしく、
また何か新しい世界を開いてゆく、大切なカギとなるでしょう。
たとえ社会に出ても家庭を持っても、その役割ではなく、
あなたは「女子」として、生きていくのだから。

というように、「女子」として生きていく上で「女子力」が非常に重要な力となっていることは述べられているが、それが何を指すのかは、それほど明確に示されていない。ファッション誌的な「キレイになりたいと願い、行動する力」を超えていることは確かだが、『女子力』とはみんなが持っている、自分自身のためのもの。」という極めて抽象的な定義づけが最初になされるだけであ

る。最後のページでも、

女性が、女性として生きてゆく限り持ち合わせ、
発揮し続けられるもの。それこそが、真の「女子力」なのです。

あなたの「女子力」を「生涯女子力」に。
その一人ひとりの素晴らしい力が、新しい甲南女子大学を創っていくのです。

と結ばれており、個々の可能性を引き出すために、敢えて明確な定義づけを避けているようにも思われる。このように、「女子」であることを意識し、「女子」の能力を「女子」の集団である「女子」大で高めていこうとする大学の戦略によって、「女子力」は新たな意味を賦与されることになった。美を獲得するためにさまざまな努力を行うことというファッション誌的な定義を超えた大学の女子力戦略は、「対男性だけでなく、広く社会的な女性の総合能力を表す言葉として用いられるようにもなった」（河原 2011：23）ことを示している。「生涯能力としての女子力へ」――「女子力」はますます拡大解釈されていく。

幅広くさまざまな角度から意味づけられ、大学の戦略としてまで使用されるに至った「女子力」であるが、その定義は依然として曖昧なまま、二〇〇九年にはついに新語・流行語大賞に選ばれる

のである。

その後も、「女子」の快進撃は続く。二〇一〇年には居酒屋チェーンの「笑笑」（モンテローザ）が始めた「女子会プラン」に端を発する「女子会」が流行語となり、老いも若きも男性を排除した「女子会」にますますいそしむようになる。

また、同年には『三〇代女子』の火付け役である宝島社から、「四〇代女子」のための新雑誌『GLOW』（宝島社）が創刊された。「ツヤっと輝く40代女子力」「好きに生きてこそ、一生女子」と、誌面には毎号、「四〇代女子」と「四〇代女子力」の文字が乱舞しており、それは創刊から三年以上の歳月を経ても変わらないことから、「四〇代女子」「大人女子」を社会的に認知させた功績は大きいといえる。

二〇一一年には、甲南女子大学の研究者を中心とした女子学研究会[3]の成果をまとめた研究書『「女子」の時代！』（馬場他 2011）が出版された。同書では「女子力、女子会、大人女子、カメラ女子、山ガール、森ガール……。ウェブやマスコミをにぎわせて二〇〇〇年代に爆発的に広まって定着した『女子』をさまざまな角度から論じている。「女子」も立派な研究対象になったということであろう。

二〇一二年には、『andGIRL』『mamagirl』（エムオンエンタテインメント）など、「女子」の類義語である「ガール」を冠した雑誌が創刊される。二誌とも三〇代になっても、仕事ができても、結婚しても、出産しても「ガール」でいたいという惹句と年齢を超越したファッションが特徴的である。これも「女子」ブームの一環としてとらえるべきだろう。

そしてとうとう、二〇一三年には女子のデフレが起こる。巷間には、〇〇女子が溢れた。メガネ女子、肉食女子、こじらせ女子は言うに及ばず、還暦女子、マシュマロ女子、果ては残業女子まで。毎日新聞（大阪本社版）では、二〇一三年四月より月一回の「現代女子論」という連載がスタートした。(4) そして、『現代用語の基礎知識2014年版』では、「時代・流行」の項目に「女子」というジャンルがついに登場したのである。「ここ数年、『若さ』や『女性らしさ』に重点をおいた『〇〇女子』や『女子力』といった言葉が増えるようになった。『大人女子』という言葉も生まれたことで、『何歳までが女子なのか』というテーマもネットを中心にたびたび話題に上がっている。」（『現代用語の基礎知識2014年版』二〇一三年、一一六〇頁）と「草食男子」の産みの親であるコラムニストの深澤真紀が解説している。また、「この『女子』ブームを牽引しているのは女性誌である。女性誌としては後発組の宝島社はここ数年『女子』や『大人女子』を前面に出すことで躍進し、また老舗女性誌の『an・an』では、『大人の女性になるために、女子を卒業しよう』と打ち出して話題になっている。」（『現代用語の基礎知識2014年版』二〇一三年、一一六〇頁）

あまりにも安易に使用される「女子」に業を煮やしてか、あるいはいつまでも「女子」を降りない「大人女子」への反発か、とうとう『an・an』は二〇一三年秋に「女子卒業宣言」を行ったのである（二〇一三年九月一三日号）。とはいえ、次の号の下着特集では、「奥ゆかしくてエレガントなラインナップに、大人女子が夢中です！」というように「女子」を引き続き使用しており、徹底しているとは言い難い。しかしながら、『an・an』としては、「女子」＝大人になりきれない子供っぽさであると位置づけ、読者の中心である二〇代女性に向けて、「大人の女性になるために、今すべきこと」を具体的に示し、大人の女性を目指そうと啓蒙してみせた。

また、三〇代前後の「女子」を中心に「女子」であることの自意識をもてあました「こじらせ女子」が話題となり、流行語にもノミネートされている。

このように、アラフォー世代が一生女子宣言をする一方で、二〇代、アラサーの「女子」離れも進んでいるようであり、世代間によって、「女子」の解釈、使用をめぐるずれが生じてきている。安野モヨコが「美人画報」で「女子」を使用してから、約一五年の歳月を経て、「女子」は相反する価値観を飲み込みながらも、爆発的なブームを経て、定着を見せている。

2　モード誌とファッション誌

では、次にこれから取り上げることになるファッション誌とはいかなるものか、日本のファッション誌について概略を述べておこう。

ファッション誌と聞いた時、多くの人々はどのような雑誌を思い浮かべるのだろうか。パリコレや最新のモードが載っている雑誌。人気モデルが旬のブランドの服を着こなしている雑誌。あるいは着こなしやコーディネートの仕方が懇切丁寧に解説してある雑誌。いや、カタログ的にブランドバッグが掲載されている雑誌や、読者モデルが私物を見せびらかしている雑誌を真っ先に挙げる人もいるかもしれない。

書店の一角を占めているファッション誌のコーナーを俯瞰してみよう。大型書店なら、随時一〇〇種類程のファッション誌が置かれているはずだ。毎月、一日、七日、一二日、二三日、二八日には数多のファッション誌が新しく生み出され、古いものは消えていく。多くの雑誌の運命に違わずファッション誌の命は儚い。平均寿命は一ヵ月であろう。しかもセンターで脚光を浴びるのは生まれて数日から一週間である。その間にいかに手に取ってもらえるか。立ち読みではなく、購入してもらえるか。そのためには付録でも「読モ」（読者モデルの略）でも使えるモノは何でも使え。この国の一〇代から五〇代までの女性に向けて、ファッション誌は欲望を喚起し続けている。

それら日本のファッション誌は大きく二つに分類される。それは、モード誌と実用ファッション誌である。モード誌とは、アメリカを本国とし、世界一八ヵ国で発行されている『VOGUE』（コンデナスト・パブリケーションズ）や一四ヵ国で発行されているフランス生まれの『Marie Claire』（アシェット・フィリパッキ・メディア）などを頂点にパリコレというファッションシステムを中心に生みだされるハイ・ファッションを届けるための雑誌を指す。したがって、そこに掲載されるモード写真は極めて芸術的であり、非日常的でなければならない。ピーター・リンドバーグ撮影によるコムデギャルソンを着たスーパーモデルが載っていたのはモード誌である。

一方の実用的なファッション誌とは、一言で言うならば洋服の着方を教えてくれる雑誌である。

洋装化してからたかが一四〇余年。一般女性が本格的に服を着出して、一〇〇年にも満たない我が国では、どのような場で、どのような服をどのように着ればいいのか、教えてくれる雑誌こそ必要とされるはずである。その手の雑誌には基本的にパリコレの情報などほとんど掲載されない。求められるのは、街を行くお洒落なあの人が何を着ているか、この場に相応しいのはどのような着こなしなのか、自らの装いが正しいのか、否かという「答え」だからである。

例えば、日本で初めてのモード誌を目指して誕生した『an・an』(平凡出版、現マガジンハウス。創刊時は日本版エル・ジャポン)であるが、幾星霜を経て、現在では完全なる実用週刊誌へと宗旨替えをした。現在の『an・an』にモード誌の面影はない。占いと節約とセックスとアイドルとダイエット。完全にそれは女性週刊誌の記事内容と重なりあう。限りなく女性週刊誌に近いファッション誌とは、つまり大衆的で実用的。みんなの役に立つ、みんなが知りたい情報が満載だ。

モード誌とファッション誌の最も簡単な判別方法とは何か。それは、表紙モデルが笑っているか否かである。モード誌のモデルは基本的に笑わない。それは、パリコレのランウェイを歩くモデルの姿を踏襲している。非日常の世界で作品としてのファッションを届けるには笑みなどいらない。しかし、ファッション誌のモデルは基本的に笑顔を見せる。しかも、歯を見せた一二〇%の笑顔ではなく、にっこりと、上品で、愛らしい、日常に溶け込むための八〇%の頬笑みを。日本人が好む八〇%の頬笑み(5)の奥に隠されているものこそ、語られなければならない。

3　日本のファッション誌とは

では、日本の書店の多くを占める実用ファッション誌とは、具体的にどのようなものを指すのだろうか。

日本のグラビアファッション誌の歴史は一九七〇年の『an・an』創刊に始まるが、『an・an』はそもそも『ELLEjapon』、つまりフランス『ELLE』誌の日本版としてスタートしたことに留意しなければならないだろう。日本人デザイナーの服を掲載する、日本の読者を想定した記事内容にするなど日本版としての創意工夫は見られたものの、創刊時の『an・an』を日本発のオリジナルなファッション誌と見做すことは難しい。では、翌年に創刊された『non-no』（集英社）はどうだろうか。『non-no』もまたアメリカ『GLAMOUR』（コンデナスト）誌と提携していたのである。ただ、『non-no』は、『an・an』の前衛さを抑え、より控えめで普通の女の子にも着られるようなファッションを掲載することに主眼を置いた。したがって、欧米系ハーフモデルを登場させるなど全体的な手法としては『an・an』のスタイルを踏襲していても、中身は実用ファッション誌としての要素をかなり持っていたと言える。

しかし、何と言っても完全なる実用ファッション誌の第一号、日本発のファッション誌と言えば一九七五年創刊の『JJ』であろう。欧米の雑誌の提携誌ではなく、女性週刊誌『女性自身』の増刊として誕生した『JJ』は、その出自からしても実用的であることを運命づけられていた。実際、『JJ』は創刊にあたって、既に存在していた『an・an』『non-no』とは異なる独自の戦略を採った。まずは、読者のターゲットをいっそう明確に絞り込んだのである。『an・an』や『non-no』が単に二〇代前後の若い女性（団塊の世代）を読者層として想定したのに対し、『JJ』はそこに学歴を持ちこんだ。当時台頭してきた女子大生（短大生を含む）をメイン・ターゲットに定めたのである。一九七〇年代半ばと言えば女子の進学率も上昇し(6)、大学生は大衆化していた。本邦初女子大生のためのファッション誌。いや、そもそもそんな代物はモードの国フランスにも見当たらない。しかし、『JJ』の読みは当たった。日本の女子に、『JJ』に掲載されているようなファッションを着て大学に通いたい、「JJガール」になりたいと思わせることに成功し、「アンノン族(7)」とは袂を分かったのである。

もちろん、そこにはキャンパスには制服がないという事情も織り込みずみだった。何しろ、この国では一〇代という最も多感な時期に制服を着用させられるのだ。中学でも高校でも、学校という場にはいつも制服がいっしょだった。しかし、大学は違う。そこには今までのように制服や標準服は存在しない。ではまず、入学式にはどんなスーツを着ればいいのだろうか。就職活動と間違われないスーツの選び方とは？　その後は、どんな服装で大学に通えばいいのだろうか。そんな迷える新入生に「何を着るべきか」を明確に示したのが、『JJ』なのである。今、先輩はこんな服を着ています。女子大ならこれ、共学ならこれ。一年生ならこれだけ揃えればいいでしょう。こんな風に着まわしてみましょう。それはファッションの教科書である。手取り足とり『ＪＪ』はキャンパスという場に相応しい、制服としてのファッションを指南していく。かつてはそれが「ニュートラ」であり、「エレガンス」であり、「デルカジ」であり、「可愛ゴー」であった。その時代の制服を『ＪＪ』は提案し続けてきたのである。

さらに、特筆すべきなのは、『ＪＪ』がただの実用的なファッションの教科書に終わらなかったことである。『ＪＪ』はファッションと生き方を直結させた。キャンパスの制服である数々のＪＪファッションは、常に流行から一線を画し、上品でコンサバティブ（保守的）なテイストで貫かれている。それは「お嬢様ファッション」――つまり、誰でもお嬢様に見えるファッションなのだ。ボーイフレンドやその母親に好感を持たれるファッションであり、もっと露骨に言うならば玉の輿という名の「幸せな結婚」を引き寄せる「婚活」服である。「婚活」[8]などという言葉が生まれる何十年も前から『ＪＪ』は「婚活」服を提案してきた。コンサバ（ティブ）な服を着ることは、コンサバな人生を歩むことだと『ＪＪ』は説き続けてきた。「ＪＪガールは恋勝ガール」――二一世紀に入っても相変わらず『ＪＪ』は「幸せな結婚」に拘っている。ファッションを通して生き方を指南する『ＪＪ』は健在なのである。

このように、日本初の実用ファッション誌である『ＪＪ』が成功したのは、ターゲットを明確に絞り込み、階層意識を持たせたこと、キャンパスという場に相応しい制服としてのファッションを提案したこと、女子大生から専業主婦へというライフコースの生き方指南書としての側面を持っていたことによる。

そしてこの三つを機能させる最も有効な戦略として選ばれたのが、読者モデルであった。『JJ』以前に読者モデルは存在しない。プロのモデルではない、女子大生やOLを誌面に登場させ、自らの着こなしを公開させる。私物のバッグやアクセサリーはもちろんその中身までを赤裸々に見せる。これぞ日本のファッション誌の原点ではないか。『JJ』創刊から約四〇年。今や日本のファッション誌に読者モデルは欠かせない存在となった。今や読者モデルが登場しない雑誌を見つける方が難しい。読者モデルは「おしゃP」(おしゃれプロデューサー)や「ブロモ」(ブログモデル)などと呼ばれ、憧れの対象となり、流行を発信していく。デザイナーよりも人気「読モ」が影響力を持つようになる。ソーシャルメディアの登場とともに、ついに「読モ」が流行を牽引する時代が到来したのである。そういう意味では、『JJ』に代表される日本独自のファッション誌は、SNS時代を先取りしていたのかもしれない。しかし、結果的に、現在はファッション誌がソーシャルメディアにとって代わられようとしているのだが。ブログかフロクか。[9] ブログ化するかフロクを付けるか。ファッション誌受難の時代において、日本のファッション誌が採った戦略である。いっそうブログを意識した「読モ」づくしの誌面を展開するか。あるいは、人気ブランドとコラボレーションした豪華な付録を付けるか。しかし、この戦略だけでは、若い読者は摑めない。付録のバッグやポーチも毎月続くと食傷気味になる。スマホ世代の雑誌離れが加速化するなか、今や雑誌を真剣に読んでくれるのは、雑誌で育った三〇代以上の世代だけなのだ。このようなファッション誌受難の時代に新たに創刊される雑誌とは、どのようなものなのか。また、創刊された新雑誌の行く末はどうなるのか。日本のファッション誌について熟考すべき問題は山積みである。

4　ファッション誌研究の現状

さて、ファッション誌は今までどのように研究されてきたのだろうか。日本においては、一九八〇年代の後半から九〇年代にかけて、鷲田清一のモード論を筆頭に[10]、ファッションの研究が流行し始めた。『ファッション学のみかた。』（アエラ編集部 一九九六年）が刊行され、各分野の専門家がファッションについて論じた。哲学、社会学、人類学、顔学、従来の被服学を超えたファッション論がそこでは展開されていた。

しかし、それらはモード誌やそこに登場するモードを題材としたものが中心であって、実用的なファッション誌について論じたものはほとんど見当たらない。かろうじて、ジェンダー的な視点から実用的なファッション誌について論じた研究が目に付く程度である。一九八〇年代後半から九〇年代はフェミニズムが台頭した時代でもあった。その時代を反映したものとして、日・米・メキシコの七〇年代以降のファッション誌を比較した『女性雑誌を解読する』（井上他 1989）というフェミニズム的視点に立った女性誌研究がある。そこでは、フェミニズム、ジェンダー論に基づいたメディア研究の観点から、ＣＭに描かれる女性像を分析するのと同じような手法で、ファッション誌の女性が分析されている。例えば、『ＪＪ』のお嬢様ファッションについては、次のような容赦ない言葉が浴びせられている。

このように大衆化した「お嬢様」ファッションは、今の日本社会を支配している男性たちの、保守的・伝統的価値観をおびやかさず、しかもこれらのファッションとセットになった、**男を立てる従順でかわいい女性**というイメージが男性の優越感を満足させる。さらに、自分の〝付属物〟としての女性が「お嬢様」階層に位置することをみせびらかし、自分の価値を随伴して高めるのに寄与する仕掛けも有している。また女性の方にも、「女らしさ」という性役割を利用して男性とうまくやっていけば良い、その方がラクだ、という無意識な共犯意識が存在する。（井上他1989：168）

というように、いかに『ＪＪ』の「お嬢様」ファッションが「保守的・伝統的価値観をおびやかさず」家父長制の再生産に寄与しているかが指摘されるわけである。分析を通して明らかにされるのは、七〇年代、八〇年代の女性雑誌によって「性役割の流動化」が少しも進まず、「男が主で女が従」、「男は仕事第一で女は家庭第一」といった「イデオロギーを固定化する方向に向かっている」こと、そのうえ「女性は美しくなければならない」という役割がさらに付け加えられたことである。また、高度消費社会に組み込まれた女性たちが欧米崇拝という文化的帝国主義に陥っていることも指摘され、「残念ながら、日本では女性雑誌ジャーナリズムの成立は、あまり期待できそうにない」（井上他 1989：247）という結論が導き出されている。要するに、女性雑誌は百害あって一利なし、というところだろうか。だが、そんなに有害な女性雑誌をなぜ、女性たちは嬉々として読みたがるのだろうか。身体に悪いとわかっていながらも食べるスイーツと同じなのだろうか。甘言に弄されているのだろうか。女性たちはそんなにも「愚か」なのだろうか。

当の女性読者側の視点から分析を試みたものは、ほとんど見当たらないが、その中で上野千鶴子の「女性誌ニュージャーナリズムの同世代史」（上野 1992）は、団塊の世代である上野が、高度大衆消費社会化が進む時代に誕生した日本のファッション誌と自らの世代の女性の生き方を結びつけて論じた画期的な論考と言えるだろう。創刊された『an・an』の衝撃から『クロワッサン』（マガジンハウス）のニューファミリー現象まで、「女性雑誌文化は、あえていうなら、私たちの世代とともに成長し、変容してきた。それ以前の年齢に応じた女性誌の区分けは、私たちの世代には無効で、読者の変容に合わせて、雑誌のほうが変身してこなければならなかった。しかも私たちは、雑誌と縁の切れない生活を送っている。」（上野 1992：153）

団塊の世代以降の女性たちは、仕事や結婚や出産といった岐路に立った時、選択を迫られた時、女性誌を片手に人生を選んできたのである。自立した女の『MORE』（集英社）、都会に生きる性的に積極的な女の『COSMOPOLITAN』（集英社）。女性誌は、新しい時代を生きる新しい女性たちの水先案内人の役割を果たしたはずなのだ。さまざまなファッション誌が出揃い、一方で淘汰された一九八〇年代、女性の生き方とファッション誌はますます切り離せないものとなる。「それはあたかも、三十五歳、ライフサイクル第三期の危機を迎えた女たちが、モデルのない現実の中で、試行錯誤の混迷をふかめていることと対応しているように見える。」（上野 1992：152）

ファッション誌の乱立はやがて、女性たちを二つに分けることで終息していく。仕事か結婚か。キャリアかマダム（専業主婦）か。社長か社長夫人になるか（斎藤 2000）。稼ぐ女になるか、嫁ぐ女になるか。

キャリア女性には、仕事で輝く服を。専業主婦には、ママとして輝く服を。一九八六年に男女雇用機会均等法が施行され、ファッション誌の世界においても総合職と一般職、キャリアと専業主婦という女性間の対立が結果的にいっそう明確になっていった。本書でも第三章で詳しく分析することになる『VERY』は、まさに九〇年代半ばに台頭してきた「新専業主婦」[11]をターゲットとして創刊されたファッション誌であるため、九〇年代以降の「新専業主婦」問題を考える際に、よく俎上に載せられる雑誌である。心理学者の小倉千加子は、『結婚の条件』（2003）において、『VERY』に表わされる「新専業主婦」像を分析し、彼女たちが求めているのは、ただの結婚ではなく、「幸せ」な結婚であること、「幸せな結婚でなければ結婚も子育てもしないほうがまし」（小倉 2003：11）なのだと喝破した。その後も、男女共同参画に関する研究を行っている石崎裕子による「女性雑誌『VERY』にみる幸福な専業主婦像」（石崎 2004）などが続くが、ファッション誌と女性の生き方について小倉以上に鋭い分析を行ったものは、今のところ見つからない。しかし、小倉の分析では、肝心の『VERY』な「新専業主婦」のファッションについては、あまり触れられていないという問題もある。

また、生き方研究に加えてその言説を丹念に分析したものとしては、作家の高橋源一郎による秀逸な論考「『VERYな』ことば」（高橋 2013）がある。

> 「え？・」と思われるかもしれない。女性誌なんて、ただファッションのことばかり載っているんじゃないの、って読者である女性のみなさんだって思っているかもしれない。
>
> はっきりいおう。違うのである。実は、そこには、当の読者さえ知らない、**特別な世界**が存在しているのである。（高橋 2013：98）

このように述べた上で、高橋は**特別な世界**をさぐるべく、「『VERYな』ことば」の中に潜入していく。

> とはいえ、「VERY」もまた、女性誌である以上、その多くはファッションに関する記事で埋めつくされているし、ある意味では、それがほとんどだといっても過言ではない。チェックしてみよう。（高橋 2013：102）

そして、いきなり困難にぶつかるのだ。

最初の特集は**「やめられない、とまらない♥コンフォートの誘惑」**だ。コンフォート……っていったいなんだろう。女性誌を読んでいて困るのは、使われているカタカナの意味がわからないことだ。ほんとうに、これ日本語なんだろうか、と心配になることもある。でも、大丈夫、きちんと説明してくれますから。(高橋 2013：102)

こういった門外漢の立場に立って、ファッション誌(女性誌)の言説を丹念に読み解くという高橋のスタンスは功を奏し、「一見、豊かで恵まれたお金持ち主婦の優雅な世界を描いているように見えて、そこに、妻と母と仕事をする女を同時にこなそうと目指すひたむきさ」(高橋 2013：115)を感じさせる「新専業主婦」である『VERY』読者の本質に迫っている。

しかし、残念なことにそれはあくまでも『VERY』に書かれている「ことば」の研究であって、ファッション誌の言説研究の域を出ないのだ。高橋が行っているのは文学としての『VERY』研究なのであり、それはつまり、ファッションという「ことば」の研究ではないのである。

すなわち、現在の『VERY』モデルがスウェットパンツを履いている理由を「これもまた震災の深い影響」で終わらせるのではなくて、なぜ、二〇年前は「シロガネーゼ」としてどんなときもワンピースやスカートを着用していた『VERY』読者が、現在ではスウェットパンツを手に取るようになったのか。なぜ、二〇年のあいだに『VERY』読者がフェラガモのヴァラからジミーチュウのハイヒールを履くようになったのか。同じエルメスでもケリーバッグよりバーキンを好むようになったのか、をもっと真っ向から考えようというのが、本書のスタンスである。

このように本書では、従来では研究対象とされることの少なかった実用ファッション誌を中心として、分析を行う。また、その見出しや記事本文といった言説研究だけでなく、そこに登場するモデルやモデルが身に付けているファッションそのものを同じように分析対象としたい。ファッションという「ことば」、そのコーディネート（着こなし）という表現の意味を問う。ファッション誌を読む女性たちは、数多の言葉を選ぶように、数多のアイテムから服、バッグ、靴を選び出し、表現するのだ。当然、手垢にまみれた常套句《クリシェ》を踏襲することもあるだろうし、吟味され研ぎ澄まされた表現に達することもあるだろう。従来のファッション誌研究においては、そういった女性たちの饒舌な表現をあまりにも軽視してきたのではなかろうか。

ファッション誌研究は、ファッション誌の「ことば」だけに終始してはならない。それはファッション誌の一面を切り取ったにすぎないのだ。そこに示されている「上品」なファッション、「女らしい」ファッションの中身こそつぶさに見ていかねばならない。中身こそファッションの「ことば」であり、そこを分析することがファッションを「読む」ということではないだろうか。

5 腐女子でも文化系女子でもなく

本書で扱うのは、「女子」ブームの中核をなすファッション誌の「女子」である。ファッション誌に登場する「女子」あるいは、ファッション誌の読者である「女子」は、今まであまり語られることがなくおざなりにされてきたのではないだろうか。あまりにも「リア充」[12]であるがゆえに。あまりにも現実に適応し、消費社会に取り込まれているがゆえに。腐女子[13]のように現実に葛藤せず、文化系女子[14]のように物事を表現せず、こじらせ女子[15]のように女であることの自意識をもてあましていないと考えられてきたからである。だが、本当にそうなのだろうか。ファッション誌の「女子」はそんなにも「ノーテンキ」なのだろうか。確かに腐女子も文化系女子も多かれ少なかれ、女子をこじらせている。こじらせているがゆえに、女子であることに違和感を覚えず、ストレートに享受しているように見えるファッション誌の女子を冷ややかに見つめている。

そう、こじらせ女子はストレート女子（直球女子）であるファッション誌の「女子」を軽蔑している。ファッションや化粧にかまけている彼女たちに若干の憧れを抱きつつも、見下しているのだ。ファッションや化粧以外に大切なものはないのか、夢中になれるものはないのかと。なぜなら、彼女たちには、ファッションよりも他に大切なものが、もっと夢中になれるものがあるから。例えば、BL[16]、ジャニーズ、タカラヅカ、映画に音楽、アートや文学。それはそれで素晴らしいことだ。ただ、こじらせ女子は、誤解している。ファッションの世界に棲むストレート女子は、そんなに単純ではない。「知的」なこじらせ女子が自分の世界を大切にするように、ファッションや化粧こそ大切なものであると考えているのだ。腐女子や文化系女子がBLやタカラヅカや映画にハマり、探求し、語り合うように、ファッションやコスメに向き合っているのである。ファッション誌の「女子」は、たとえ、音楽やアートや文学が好きだとしても、ファッションをまず何よりも愛しているのだ。

研究者の世界は腐女子と文化系女子の巣窟である。詩人で社会学者の水無田気流が言うように、「学会に行くたびに〝腐女友〟が増えるんです。研究職系女子の腐女子率がすごく高いので、つい楽しくお話してしまって……（笑）」（ジレンマ＋編集部編 2013：97）というのがおそらく現状である。彼女たちは専門分野を持っているのだから、文化系女子でもあるだろう。つまり、女子言論界は、基本的にこじらせ女子で成り立っているのだ。女子をこじらせないと研究者にはなれないのだろうか。男性の欲望の対象として自らの身体を飾り立てるなどもっての他。ファッションや化粧を否定することから知の探求は始まるのだろうか。それこそ、行き過ぎたフェミニズムの弊害ではなかろうか。

しかし現実に、『女子会2・0』（ジレンマ＋編集部編 2013）において、研究者やジャーナリストなど知的な女子たち五名が繰り広げる座談会では、前述の水無田による「磨きすぎた『女子力』は妖刀である」という科白が核心を突く名言であるかのように扱われている。

水無田　消費メディアにあおられて自分磨きばかりしていると、むしろ磨きすぎて相手がいなくなる。よく磨きすぎた日本刀は、近寄るだけで、触っていないのに斬られるというじゃないですか。磨きすぎて、名刀どころか、妖刀になっている可能性があるなと思います。（ジレンマ＋編集部編 2013：192）

本当に磨きすぎた「女子力」は妖刀なのだろうか。そもそも「自分磨き」を要請する「女子力」とは何なのか。

座談会にオブザーバーとして参加する唯一の男性、社会学者の古市憲寿は、「女子力」とはどのようなものだと思うかと聞かれて、次のように述べている。

古市　なんだろう……。例えば、女性誌で「三〇日コーデ」とかありますよね。それはもう、明らかに男性のためのものでも、職場の人のためのものでもないですよね。

西森　本当は、古市さんをはじめとした男性に見てもらいたくてしていることかもしれないけれど、そう思われてしまうわけですね？

古市　そう。結局それは誰のためなんだろうとか、すごく思ってしまいます。「モテ」と書いてあるのを見ると、これは誰のために何のために頑張っているんだろう、と……。

だから、〝女子力〟というのは、誰のためかわからないような努力を黙々と続け、しかもその

努力を人には見せない修行僧のような能力だと思います。（ジレンマ＋編集部編 2013：106）

二〇代男性の古市が、女性がスカートを毎日変えることの意味を理解できないのは仕方がないとしても、ファッション誌でも記事を書き、女性誌には詳しいはずのライター西森路代までが、

西森　昔はそうやって、スカートとほかのアイテムの組み合わせを毎日変えたり、華やかにしているだけでありがたがってくれる男性がいたんですが……。それこそ、さっき水無田さんがおっしゃっていたように、いまだに変わらずに旧来の女子の価値観が主流になっていて、スカートのコーディネートを毎日変えたほうがいいというのが残っている。（ジレンマ＋編集部編 2013：106–107）

というように、やはり男性に評価されるために、モテるために女性はスカートを毎日変えているのだと答えている。だが、本当にそうなのだろうか。それは、ファッション誌の「女子」をあまり理解していない発言ではないだろうか。ファッション誌とファッション誌の「女子」を真っ向から分析すれば、このような答えは出て来ないはずなのであるが。

結局『女子会2・0』においては、最後まで「女子力」が男性にモテるための力、結婚するための力として理解されている。ファッションや化粧による自分磨きも結果的には男性に向けて行われ

る行為と考えられているのだ。ここでは、「ルブタンの靴」も「美魔女」も「磨きすぎた女子力は妖刀である」の一言で切り捨てられてしまっている。なぜ、そこまでして女子が高価な「ルブタンの靴」を欲しがるのか。いつまでもキレイでいたいと願うのか。その答えは全く追及されずに座談会は終わってしまうのだ。非常に残念なことに、ファッション誌の「女子」の視点が完全に毀れ落ちてしまっているのである。

なぜ、ファッション誌の「女子」は自らを磨くのか。「女子力」は単に男を斬るためにあるのではない。では、ファッション誌の「女子」は何を考え、何を思い、「ルブタンの靴」を履き、まつ毛に命を賭けて目力をアップさせるのか。(17)

多数派であるがゆえに研究対象から毀れ落ちていただけでなく、こじらせ女子の巣窟である研究者の世界にはきわめて少ないがゆえに、サイレントマジョリティであったファッション誌の「女子」を正面から分析し、ファッション誌の「女子」の声を届けることが本書の最終的な目的である。

注

(1) 一九二〇年代に創刊された『主婦之友』や『婦人公論』といった婦人雑誌が「主婦」像を作り上げ(木村 2010)、明治から大正期にかけて出版された『少女の友』や『少女倶楽部』といった少女雑誌が「少女」像を作り上げたように(今田 2007; 渡部 2007)、雑誌というメディアによって「女子」像が新たに作り上げられているということ。

(2)『an・an』一九八五年八月二三日号から「南青山物語」というタイトルで身辺雑記を連載開始。

その後、「マリコ・ストリート」「マリコ・ジャーナル」「ウェディング日記」とタイトルを変え、連載を続行。九〇年代前半に休止期があったものの、結婚、出産を経て、一九九六年一〇月一七日号から現在までは、「美女入門」というタイトルで「美」を手に入れるまでの日々が描かれる。

(3)甲南女子大学に所属する研究者を中心に二〇一〇年の七月から女子学研究会としての活動が開始された。現在は、他大学の研究者や大学院生、マスコミ関係者など幅広く「女子学」に関心を持つ人々が集う場へと発展している。研究会では、「従来の（しばしば男性的とされる）スタイルとは異なった『女子的なスタイル』に注目して、その実態をあきらかにしていくというのが『女子学』で」（女子学研究会HP「女子学について」から抜粋。）あると定義づけている。今までの成果は、研究誌『女子学研究』（Vol. 1〜4）、『「女子」の時代！』（馬場・池田編 2011）となって発表された。

(4)毎日新聞大阪本社版で、二〇一三年四月より開始された月一回の連載企画。「女子」にまつわる流行を取り上げ、その真相を追うというもの。テーマは、下着、韓流、ゴスロリ、美魔女、女子写真と多岐にわたっている。

(5)資生堂の研究によれば、日本人が最も魅力的な笑顔と感じるのは、メークをした八〇%の笑顔とされる。（www.shiseidogroup.jp/rd/topic 二〇一四年四月一〇日最終閲覧）

(6)人口動態統計「大学進学率の推移」によれば、『JJ』が創刊された一九七五年には女子の大学・短大を合わせた進学率が、三二・九%に達し、三人に一人が「女子大生」になる時代となった。

(7)一九七〇年代の半ばから八〇年代にかけて、『an・an』や『non-no』を小脇に抱え、一人や少人数で「小京都」に代表される観光地を旅行した若い女性を指す。ファッションはもちろん、ライフスタイルもまたファッション誌によって指南される時代の到来を象徴している。

(8)結婚活動の略で、「結婚するために必要な活動」を社会学者の山田昌弘が就活（就職活動）になぞらえて考案した造語。『AERA』二〇〇七年一一月五日号で初めて使用される。後に、ライターの白河桃子と共に執筆した『「婚活」時代』（2008）によって世に広まる。

（9）受難の時代を迎えた二一世紀のファッション誌がとった二大戦略。限りなくブログに近い読者参加型の誌面を作るか、人気ブランドとのコラボレーションによる豪華な付録を付けるかである。この戦略に関しては、米澤（2010）を参照されたい。

（10）『Marie Claire』で連載されていた『モードの迷宮』（1989）をはじめとする著作では、コムデギャルソンや山本耀司の服から着ることの根源的な意味を問う。鷲田の哲学的ファッション論が、九〇年代のファッション研究の嚆矢となったと言える。

（11）一九九八年版『厚生白書』で紹介された「新専業主婦志向」とは、「男は仕事、女は家事」という性別役割分業規範を基盤としながら、高度成長期に大衆化を遂げた専業主婦とは異なる「男は仕事と家事、女は家事と趣味（的仕事）」という新たな性別役割分業意識に基づいた専業主婦志向である（石崎 2004）。

（12）リアル（現実の）な生活が充実している人々を指すネット上で発生したスラング。近年になって一般的に使われるようになった。恋愛や友人との付き合いに勤しむファッション誌の「女子」は、「リア充」の典型的存在とされる。

（13）男性同士の恋愛をテーマにした小説やマンガを好む女性のことを指す。八〇年代、九〇年代までは「やおい」と呼ばれていたが、二〇〇〇年頃からネット上を中心に「腐った女子」を意味する「婦女子」を捩った「腐女子」という呼称が使われ始め、二〇〇六年には『腐女子化する世界』（杉浦 2006）といった新書も登場するようになり、一般化していった。「やおい」とは異なり、「腐女子」自身が、やや自嘲的に「腐女子」を自称するのが特徴である。そこに、「負け犬」と同じ、「女子」の自嘲戦略（居直りのレトリック）や、「やおい」文化の成熟を読みとるなどさまざまな「解釈」がなされている。

(14)文学やマンガといった書籍、音楽、映画、美術、演劇など文化全般を愛好する女性を指す。単に各文化を鑑賞しているだけではなく、その文化に対して強い思い入れを持っているか、その文化を「語れる」かどうかが重視されるため、文化系女子は、その思いを文章化することが多い。ゆえに、文化系女子の「声」は、アカデミズム、マスコミ界に蔓延しやすいのである。もともとは学校のクラブなどの分類で使われる「文化系」と「女子」を組み合わせたものと言われている。『ユリイカ』二〇〇五年一一月号において「文化系女子特集」が組まれたことで、さまざまな方面から注目されるようになった。

(15)ＡＶライターの雨宮まみが自らの体験を語った著書『女子をこじらせて』（雨宮 2011）から、使われるようになった。ファッションや恋愛に疎く、「女子」であることをもてあまし、生きづらさを感じている女子を指す。過剰な自意識によって「女子」を着ることに抵抗を感じている女子とも言える。多くの「腐女子」もこの範疇に入る。ファッションやメイクを楽しみながら、「女子」を着るファッション誌の「女子」とは対極の存在であると言える。

(16)腐女子が愛好する男性（少年）同士の恋愛（ボーイズラブ）の略。九〇年代中頃から使われるようになった。男性（少年）の同性愛がボーイズラブと言い換えられ、さらに「ＢＬ」と略されることで、内容も明るく軽やかになり、比較的抵抗感なく幅広い女性に受け入れられるものとなりつつある。

(17)一九九〇年代の後半から、主に化粧情報誌を中心に使われるようになった。アイラインやマスカラ等で目元を強調したメイクを目力メイクと言う。目力（メイク）が重視されるようになった背景としては、プリクラやカメラ付ケータイの普及によって、写真を撮られる機会が急増し、自らの「顔」をコミュニケーションのツールとして使う時代に突入したこと、また少女マンガのヒロインのような顔をリアルに求めるようになったこと、などさまざまな要因が考えられる。

第一章「女子」の誕生

1　二八歳、「常識」を超えて

『Sweet』の「一生、〝女の子〟宣言」

本章ではまず、近年のファッション誌をにぎわす「女子」に焦点を当て、「女子」がいつ頃から、どのようにして生まれてきたのか。ファッション誌における「女子」誕生の経緯を丹念に追うことから始めたい。

ファッション誌で「女の子」や「女子」(1)という言葉が従来とは異なる意味で使われ出したのはいったいいつなのだろうか。「28歳、一生〝女の子〟宣言！」を掲げて、宝島社から『Sweet』が登場したのが、二〇世紀も終わりに近づいた一九九九年のことである。本来、女の子や女子と呼ばれる年齢を過ぎている女性に向けて、確信犯的に「女の子」と呼びかけたのはこれが端緒であると思われる。創刊から一五年を経た現在でも、『Sweet』は多くの日本女性に支持されているファッション誌として、「女子」と「大人かわいい」ファッションの流行を牽引している。ファッション誌における「女子」の台頭はこの雑誌とともにあったと言っても過言ではないだろう。

雑誌の付録に関する規制緩和(2)とともに、人気ブランドとのコラボレーションによる豪華な付録が付くことも相まって、二〇〇〇年代半ば以降『Sweet』の人気は不動のものになっていった。定番のエコバッグに、ポーチ、時には鏡から、ルームシューズまで。現在のファッション誌には付録が欠かせない存在となっているが、この付録を非常に重視し、付録とは思えないレベルの付録を付けることで注目されるようになったのが、『Sweet』に代表される宝島社の雑誌である。宝島社は、もともと社名にもなっている『宝島』というサブカルチャー誌を中心に発展してきた出版社だ。宝島を愛読する個性的なファッションの「宝島少女」は一九八〇年代の風俗として記憶されているが、宝島社（当時はJICC出版局）がようやく女性ファッション誌を定期的に発行するようになるのは昭和から平成に変わった一九八九年のことである。

『『宝島』の女の子版」という触れ込みで、『宝島』の増刊号として世に出た『CUTiE』は、まさに八〇年代の「宝島少女」をイメージして創刊されたファッション誌であろう。個性的なファッションを好む一〇代を中心とした女の子は、それまで読む雑誌がなかったのだ。『Olive』ではロマンティックすぎる。『an・an』では大人すぎる。もっと、エキセントリックでロックな私に相応しい雑誌を！　だから、『CUTiE』のキャッチコピーは“for INDEPENDENT GIRLS”であった。独自の価値観を持った少女たちへ。同誌で一九九〇年から一九九二年にかけて連載された岡崎京子のマンガ『東京ガールズブラボー』（岡崎 2003）の主人公サカエはまさにこの雑誌の理想の読者を反映している。一九八〇年代前半の東京を舞台に描かれる音楽とファッションが好きで常識にとらわれない女の子の姿は、かつての「宝島少女」そのものなのだ。創刊当時の『CUTiE』は、確かにファッションの流行の最先端を捉えた革新的な誌面に特徴があり、一九九〇年頃まではDCブランドファッション、その後は台頭してきたストリートファッションの流れをいち早く取り入れ、日本初の一〇代女性向けの「かわいい」ストリートファッション誌というスタンスを確立した。

『CUTiE』を基幹メディアとする原宿のストリートファッション発の「かわいい」モードは、男性や大人の価値観から独立した女の子のモードとして形成されてきた。『CUTiE』は、読者との共感性を強調し、読者とともにスタイルやモードを創出してきた。その読者層が「わたしたちだけがわかる」ことを求める価値観の中心にあったのが、「かわいい」という感覚だったのだ。『CUTiE』が伝える「かわいい」イメージは、奇抜なインディーズものからおもちゃのようなものまで多種多様な要素の複雑なミックスであり、まさに「わかる人にしかわからない」不可思議な「かわいい」だった。（古賀 2009：135-136）

このように『CUTiE』は、「自分のために服を着る」をテーマに個性的な装いを提案する雑誌として支持され、一九九六年には『CUTiE』を卒業した二〇代女性のために『SPRiNG』が創刊されるに至った。

しかしながら、日本の多くのファッション誌は一九八〇年代にすでに出揃っており、宝島社のファッション誌はその中でかなり後発であったため、個性的なファッションに加えて、付録という手段に頼らざるをえなかったと思われる。

そのような状況下で宝島社は一九九九年「28歳、一生〝女の子〟宣言！」をコンセプトに新雑誌『Sweet』を世に出した。二八歳と言えば、もう十分に成熟した女性の年齢である。一昔前ならば結婚し、子供の一人や二人いる主婦であったかもしれない年頃だ。そんな「妙齢」の女性に対して、いきなり「一生〝女の子〟宣言！」を打ち出し、いくつになっても可愛いものをあきらめずに身に纏うことを奨励した『Sweet』は非常に革新的な雑誌であったと言えるだろう。「常識」にとらわれないという意味では、『CUTiE』と同じくらいかそれ以上の衝撃を与えたはずである。何しろ、二八歳という年齢は、「常識」を求められるお年頃なのだから。一〇代の少女が、「常識」にとらわれないのとはわけが違う。そろそろ社会人としての「常識」をもちろん装いにおいても身に付けていることを期待される二八歳の女性。少女の頃好きだったリボンやフリル、ミニスカートやショートパンツ。裾が広がったレースたっぷりのワンピース。ピンクに水玉。まるでお姫様のようなファッション。そういったものは、大人になるにつれ、あきらめることが従来の「常識」であったはずだ。代わりに、落ち着いた、上品な、大人の女性としてのファッションを纏うことを要請されていたのである。彼女がミセスであってもキャリアであっても。

二一世紀になってもデパートには相も変わらず「ミセス」の婦人服、「キャリア」の婦人服のフロアが存在する。三〇代も間近になれば、そういった類の婦人服を着るべきなのだというように。例えば、大丸京都店には、「ニューミセスプレタポルテ」というコーナーが設けられている。だが、「ニューミセス」とは何を意味しているのか。「新専業主婦」のことなのか。働く主婦は「ニューミセスプレタポルテ」で服を買ってもいいのだろうか。「ミセス」と「キャリア」のファッションは両立しないのか。はたまた、伊勢丹にも阪急にも丸井にもある「ヤング」の婦人服の「ヤング」とはいったい誰を指しているのか。二〇代のことか？　そもそも何歳までが「ヤング」なのだろうか。「ヤングアダルト」に至っては、ますます混迷の度合いが深まるだけである。

といった数々の疑問が生じること自体がデパート衰退の大きな要因なのである。多くのデパートはまだ、年齢や立場による「常識」的なファッションを提案することを前提として存在している。(3)だからこそ、敢えて年齢や立場を明確にしないセレクトショップや、ファストファッションの趨勢に太刀打ちできないのだ。

しかし、『Sweet』は「大人かわいい」という言葉でそのような「常識」をいとも簡単に解体したのである。「大人かわいい」ファッション。その魔法の言葉のもとに、リボンやフリルやミニスカートは二八歳を過ぎた女性にも解禁された。ＤＣブランドファッションのように前衛的ではなく、ストリート系ファッションのように個性的でもないが、年齢に応じた常識的なファッションを打ち破るという意味では、「大人かわいい」ファッションも強烈なインパクトを持っている。そんなファッションを堂々と誌面に載せ、「一生〝女の子〟宣言！」を打ち出した『Sweet』の革新性をもっと評価すべきであろう。

それはやはり、老舗出版社にはできない思いきった戦略であった。「宝島少女」にルーツを持つ宝島社だからこそ成せる技なのであり、付録と同じく後発であるからこそ行えた戦略なのだ。

創刊から数年は、路線が定まらない時期もあったが、特に二〇〇〇年代の半ばからは、「いくつになっても可愛いモノが大好きな女性が、自分のために選ぶ服」というコンセプトも明確になり、多くの女性が『Sweet』に共感を寄せるようになった。つまり、創刊時はまだこの「女の子宣言」を受け入れるには時が熟していなかったのだろう。しかし、それから約五年の歳月を経て、年齢不詳な「大人かわいい」ファッションは、しだいに広がりを見せるようになった。パリコレなどモードの世界にも、ガーリーなファッションが提案されるようになっていた。そして、二〇〇〇年代後半からは三〇代前半のいわゆる「アラサー世代」も、「女の子」でいることを自覚的に選び始めたのである。それだけではない。予想以上に幅広い年齢の女性たちが、『Sweet』の「一生〝女の子〟宣言！」に勇気づけられたのではないか。結果的に、アラサー世代だけでなく、女子大生や四〇前後のアラフォー世代までを巻き込み、『Sweet』はなんと日本で一番売れているファッション誌に成長するのである。(4)

ファッション誌の「政権交代」

マイナーであることを運命づけられたはずの宝島社のファッション誌が、最も支持される時代が来ようとは。「宝島少女」にルーツを持つファッション誌が『ＪＪ』や『CanCam』や『non-no』を追い抜くとは。その出来事は、ファッション誌界に大きな衝撃を与えた。言ってみればそれはファッション誌における「政権交代」であったからである。

ファッション誌の世界には一九八〇年代以降、赤文字雑誌という一大勢力が存在した。タイトルロゴが赤い字で書かれていたことに由来する赤文字雑誌とは、いわゆる女子大生をターゲットとしたコンサバティブ（保守的）なファッションの雑誌であり、代表格の光文社の『ＪＪ』を筆頭に、小学館の『CanCam』、講談社の『ViVi』、主婦の友社の『Ray』の四誌を指す。一九七五年に創刊された『ＪＪ』を雛型に、一九八〇年代になって他の三誌が創刊され、一見似たような表紙の四誌すべてが同じ日（二三日）に発売されるため、しだいに赤文字雑誌と呼ばれるようになった。八〇年代はいずれも、女子大生に向けた好感度の高いお嬢様ファッションを提案していたが、九〇年代半ば以降は、時代の趨勢に合わせて若干傾向を異にしている。例えば、『CanCam』は、しだいに女子大生の枠組みを超えて、ＯＬもターゲットに組み入れ、二〇〇六年には「エビちゃんＯＬ」(5)を大ヒットさせた。また、『ViVi』は、海外ブランドファッションやセレブファッションを積極的に取り入れ、幅広い読者層をつかむようになり、現在では赤文字雑誌のなかで一番支持されるようになっている。しかし、いずれの雑誌にも共通するのは、あくまでも女子大生を中心とした二〇代前半の女性をターゲットとし続けていること、男性の視線を意識したファッションを提案していることだ（近年の『ViVi』は一概にそうだとは言えないが）。つまり、自分が着たい服よりは、男の子にモテる服。合コンで勝てる服。これが、赤文字雑誌の基本コンセプトなのである。

それに対して、宝島社のファッション誌は、「自分のために選ぶ服」を、「自分のために服を着る」ことを打ち出した。『CUTiE』では、前衛的で個性的な服を。『Sweet』では、甘い砂糖菓子のような服を。二〇世紀の女のファッションを変えたココ・シャネルは、「女は男のためでなく自分たちのために装うべき」だと主張した。[6] しかし、それから半世紀以上を経ても、女性たちが「自分たちのために装う」ことは困難だった。一九九〇年代以降に登場した『CUTiE』や『Sweet』が女性たちの支持を集め、二〇〇〇年代に宝島社のファッション誌が青文字雑誌として、赤文字雑誌に対抗する一大勢力になるまでは。

永遠に続くかのように思われた赤文字雑誌人気の凋落は、二〇〇〇年代に始まった。女子大生の圧倒的な支持を獲得し、赤文字雑誌のトップランナーとして三〇年以上もの間、キャンパスファッションの流行を牽引してきた『ＪＪ』の勢いがなくなったのはこの頃である。一九九〇年代のピーク時には七八万部を売り上げた『ＪＪ』だが、二〇〇〇年には五〇万部を切り、二〇一二年にはなんと実売約七万部に落ち込むという具合に、部数が非常に低迷している。お嬢様ファッションのバイブルとして一時代を築き、キャンパスファッションの教科書として揺るぎない地位を誇ってきた

『JJ』であるが、二〇〇〇年以降は路線も定まらず、過去一〇年間で編集長は八回も交代し、編集方針が常に揺れ動いた(7)。現在もまだ解決策を見出したわけではない。

一方、『JJ』の凋落ぶりに反比例するかのように、青文字雑誌の代表格『Sweet』は順調に売り上げを伸ばし、二〇〇九年には、「日本で一番売れているファッション誌」を豪語するようになった。同時に、全ファッション誌の販売部数に占める宝島社のファッション誌のシェアも二〇〇九年にはトップに躍り出た。ついに青文字雑誌の時代が到来したのである。二〇一三年の時点でも宝島社のシェアは約二三％でトップであり、赤文字雑誌『JJ』の光文社は九・九％の五位にすぎない(8)。赤文字雑誌から青文字雑誌への流れは明白であり、女子大生までもが『JJ』ではなく、『Sweet』を読み、自分のために服を選ぶようになったのだ。逆に言えば、「政権交代」が起こるまでは、この国の多くの女子大生たちは、自分のために服を選べていなかったのだ。いや、『Sweet』を中心とした青文字雑誌を読む女性たちが、自分のために服を選び、自分のために服を着るようになったのだ。「一生女の子でいたい。そんな女子の願いを叶えるべく、さらに進化したファッション&ビューティー情報をお届けします(9)」と『Sweet』編集長の渡辺佳代子は言う。一九七一年生まれの渡辺は一九九七年に宝島社に入社し、『CUTiE』編集部を経て、一九九九年の創刊時より『Sweet』を作り上げてきた言わば生みの親である。創刊から一〇年の時を経て、『Sweet』がこれほど女性たちに支持されるようになったのは、決して付録のためだけではないだろう。もちろん人気ブランドとのコラボレーションによるクオリティの高い付録も『Sweet』の魅力の一つではあるが、それ以上に女性たちは、『Sweet』のメッセージに共感したのではないか。女子大生はもちろん、二八歳を超えても。大人の「常識」を押しつけられる年頃になっても。好きな服を着よう。自分のために服を選ぼう。リボンもフリルもレースも水玉も。好きなものをあきらめずに生きていこう。私たちは、一生女の子。女子なのだから。

その思いは、「政権交代」が実現した二〇〇九年秋の宝島社の広告に、明確に示されている。


この国の新しい女性たちは、可憐に、屈強に、理屈抜きに前へ歩く。

この国の女性たち。別の言い方で「女の子」あるいは「女子」、あるいは「ガールズ」。

彼女たちのファッションは、もう男性を意識しない。

彼女たちは、もう男性を見ない。もう、自分を含めた女性しか見ない。

彼女たちのファッションは、もう欧米などに憧れない。

それどころか海外が、自分たちに驚き始めている、でもそのことすら気にもかけない。

彼女たちはもう、「年齢を捨てなさい」などという言葉など持っていない。

そんなこととっくに思っている。いや、もうとっくに実現している。

（朝日新聞、日本経済新聞二〇〇九年九月二四日朝刊全面広告より抜粋）


これは、宝島社による「一生〝女の子〟宣言！」の意味するところであり、実現しつつある具体的な「マニフェスト」であろう。「男性を意識するよりも自分の着たい服を着よう」「欧米に憧れるのではなく世界が憧れるニッポンの女子」「年齢にとらわれるのはナンセンス」。赤文字雑誌が凋落し、青文字雑誌が隆盛を極めるようになった理由がここに示されている。なぜなら赤文字雑誌とは、この正反対の姿勢を女子大生に強いてきたのだから。「自分の好みよりも男性や周囲の人に好感を持たれる服装を」「欧米のファッションをお手本に」「女子大生にはキャンパスの制服を」。

そしてこの広告に「マニフェスト」とともに大きく掲載されているのが、安野モヨコが描いた「女子」像であるのはもちろん偶然ではない。千手観音のようにいくつもの手を駆使し、ケータイをかけながら、マスカラを塗り、バッグを手にする華奢な身体に大きな目の「女子」。彼女の周りには愛用するコスメやスイーツやバッグが散乱している。それは、まさにファッション誌の「女子」の描写であり、一九九八年『VoCE』の創刊時から安野自身が「美人画報」に描き続け、「女子」と呼んだ女性の姿である。

『Sweet』創刊から一〇年。安野のイラストで描かれる「女子」像が現実のものとなった。少女マンガのヒロインのように大きな目を持ち、バービー人形のような身体で、頭にリボンを付け、フリルやレースの付いた好きな服を着る年齢不詳の「女子」たち。それは、まさに浜崎あゆみを筆頭に、吉川ひなの、平子理沙、梨花といった『Sweet』の表紙を飾るモデルたちそのものである。そして、この国の百万人を超える女性たちが、彼女たちに憧れ、「女子」になっていったのである。二八歳になっても、従来の「常識」を超えて。この国の女性たちは堂々と「女子」として生きるようになった。ファッション誌の「女子」はこのようにして生まれてきたのである。

2　シミュラークルとしてのガール

「スイーツ」ファッションと「姫」

では、次に『Sweet』が提示したファッションとそれを着こなす「女子」たちの姿を詳細に見ていこう。『Sweet』が掲載するファッションは、ガーリー（少女風）なファッションを中心としており、それは「大人かわいい」という言葉で形容されるスタイルである。

大きなリボンやフリル。水玉や花柄。ピンクや赤。レースにスパンコール、そしてラインストーン。キラキラ輝き、ふわふわ漂い、心をときめかすファッション。

ワンピースやバルーンスカート、超ミニスカートに、ショートパンツ。そのアイテムには、機能性や合理性を無視した過剰な装飾性が施されている。「パンがないならお菓子《ブリオッシュ》をお食べ！」――まるでマリー・アントワネットの科白のように、『Sweet』はその誌名に相応しく、砂糖菓子のように甘く、かつ儚いまるでマカロンのようなファッションを繰り広げる。(10)『Sweet』には、実用的な「パン」は掲載されない。『Sweet』読者である「女子」が求めているのは、決して「パン」ではないからだ。『Sweet』を読んで、二八歳OLが明日の通勤着を知ろうとしているわけではない。三〇歳専業主婦が参観日の服を知りたいわけでもない。しかし、この国のファッション誌は、今まであまりにも「パン」を中心にファッション誌を作ってきたのではあるまいか。実用的な一ヵ月コーディネート。着まわし。これだけ、揃えれば大丈夫。それはまるで毎日の「お助けレシピ」を載せている『オレンジページ』（株式会社オレンジページ）や『レタスクラブ』（角川書店）と本質的には変わらないのではないか。お腹はいっぱいになるし栄養のバランスもとれている。ただ、ひたすら日々の献立に追われるあまり、スイーツ（お菓子）の存在を後回しにしていたのである。

しかし、『Sweet』は違う。大胆にもスイーツを主食にしたのである。好きなものを好きなだけ食べてごらん。リボンでもフリルでもレースでも。天まで届くマカロンタワーをつくるように、私をデコレーションしてごらん。着せ替え人形のように、私で遊んでごらん。ほら、あの頃のように。少女の頃、リカちゃんやバービーで遊んだように。もちろん、それを着こなす「私」はマリー・アントワネットのような「姫」でなければならないのであるが。

『Sweet』の表紙を飾るファッション・アイコンは、言わば現代の「姫」であり、ミューズである。例えば、浜崎あゆみ、安室奈美恵、吉川ひなの、そして梨花に平子理沙。一見違うタイプに見える彼女たちの共通点とは何か。それは、彼女たち全員が三〇代、もしくは四〇代であり、一昔前ならば「中年女性」と呼ばれていた年齢に達しているということだ。二〇一四年一月の時点で、浜崎あゆみは三五歳、安室奈美恵は三六歳、吉川ひなのは三四歳、そして梨花と平子理沙はそれぞれ四〇歳と四二歳である。「オバさん」と呼ばれても全くおかしくない年齢なのである。

今から約二〇年前、当時二三歳だった歌手の森高千里は「わたしがオバさんになっても」と歌ったが、『Sweet』な彼女たちは、決して、「オバさん」になることがない。この歌では、「わたしがオバさんになった」ときには、「派手な水着やミニスカートはとても」着られないといった内容が展開されるが、現在の三〇代、四〇代の「姫」たちは、何の衒いもなくビキニの水着を身に付けミニスカートを穿いて『Sweet』に登場する。

そして、そのことこそが、『Sweet』の特筆すべき特徴になっているのである。一般的に、ファッション誌では、読者と同世代、もしくは若干下の世代のモデルが誌面に登場することになっている。一〇代、二〇代向けの雑誌ならば同世代のモデルが、三〇代、四〇代と年齢を重ねていくにつれて同世代のモデルよりは、少し若い世代のモデルが好まれるようになっていく。

しかし、『Sweet』は違うのだ。メインターゲットは、「二八歳前後」いわゆるアラサー世代となっているが、表紙や中身にも登場するのは、三〇代から四〇代、もはやアラフォー世代の範疇に入っている「姫」たちなのである。ターゲットの世代よりも、かなり年上のモデルが平然と毎月のように表紙を飾る。こんなことは、『Sweet』以前にはありえなかったことである。だが、これが、幅広い世代の女性たちに『Sweet』が支持されることの大きな要因になっていることは間違いない。結果的に、ターゲットの世代だけでなく、モデルと同世代の女性たちも、雑誌を手に取り易くなるからである。

しかも、彼女たち『Sweet』の「姫」たちの人気は留まるところを知らず、二〇一二年秋には『Sweet』の別冊ムック本のかたちで、『Sweet オトナミューズ』という雑誌が現れた。

『『三〇歳以下、立ち入り禁止!』をテーマに、オーバー三〇のおしゃれ達人たちが『今リアルに欲しいもの』を大公開。表紙&巻頭特集は梨花。出産後初めて私服・私物を披露します。ほか、スタイリスト風間ゆみえ、佐々木敬子対決など。」(『Sweet オトナミューズ』二〇一二年一〇月二六日発行)

二〇一四年二月までに、『Sweet オトナミューズ』は第四号まで発行され、表紙はいずれも梨花がモデルを務めた。『Sweet』のお姉さん版というスタンスではあるが、表紙や特集を見る限りまるで梨花の写真集のようなつくりになっている。二〇一三年秋に出た『Sweet オトナミューズ』第三号を見てみよう。「モデル梨花と、リアル梨花。」と題して、梨花の「コートの着こなしからこの秋買ったものまで」が紹介されている。ヴァレンティノ、サンローラン、クロエにディオール。トップブランドの服を着てもフランス映画のコケティッシュな女優のようにどこかガーリーな魅力を振りまくモデル梨花。また、一方で、自らのプロデュースブランド「MAISON DE REEFER」を中心に、カジュアルなダウンやダッフルコートをミニスカートに合わせて着こなすリアル梨花。コートから覗く足には黒いソックス。もちろんこちらにも少女性は存分に漂っている。とても従来の四〇歳のファッションではない。だが、これなら、二〇代や三〇代も真似できるだろう。同世代も勇気づけられ、真似するかもしれない。

つまり、二〇代も三〇代も四〇代もが憧れる「オトナミューズ」=「大人女子」の代表が梨花なのである。この人気に支えられ、二〇一四年三月から『Sweet オトナミューズ』はめでたく月刊化の運びとなった。これを機に、『Sweet』を卒業した梨花だが、もちろん、新生『otonaMUSE』創刊号の表紙を飾っている。(11)

ちなみに、前述の「私がオバさんになっても」では、「女ざかりは一九」歳だということになっている。作詞は、森高千里自身が行っていることから、当時の若い女性の心情が歌われていると考えていいだろう。一九九〇年代初頭の妙齢の女性にとって、「私がオバさんにな」るときとは、一〇年後か、二〇年後あたりを想定していたのだろうか。三五歳か四〇歳か。それは、まさに現在の「オトナミューズ」＝「大人女子」と呼ばれる世代であろう。作詞して歌った当の本人である森高千里自身も現在は四〇代半ばの後期アラフォー世代であるが、二〇年前とほとんど変わらないスタイルを保ち、「オバさん」ではない雰囲気でメディアに登場している。ミニスカートも履いている。つまり、森高もまた「オバさん」にはならず、「大人女子」になったのである。そして、約二〇年前、森高がこの歌をヒットさせていた頃から、モデルとしてファッション誌で活躍し続けているのが、四〇代「大人女子」である、梨花と平子理沙なのだ。

大人の女性から「大人女子」へ

梨花と平子理沙。現在の日本のファッション誌の二大ファッション・アイコンと言っていい二人がすでに四〇代に突入していることこそ、最も強調すべきことかもしれない。これが、「大人女子」の時代でなくて何であろうか。コンサバ系からモード系、ガーリー系、あらゆるファッション誌に登場し、二〇代から同世代までを惹きつけ、憧れの存在として崇められる二人。ファッションやメイクからライフスタイルまでがお手本とされ、「女子」を魅了し続ける二人。そんな二人にはやはり共通点が多い。

まず二人の出自が意外にも赤文字雑誌『ＪＪ』であることだ。現在のガーリーでロックな雰囲気からはイメージが異なるが、二人とも実はＪＪモデル出身なのである。確かに、一九七一年生まれの平子理沙は、『ＪＪ』に登場し始めた九〇年代当初、当時人気のヴェルサーチの原色のスーツやワンピースを着こなす「ゴージャスなコンサバお嬢さん」だった。三つ年下の梨花も、『ＪＪ』デビュー当時は、イタリア製のコンサバなスカートやワンピースを身につけ、にっこり笑う「私、オフィスのミラノちゃん」だったのだ。それも当然であろう。当時の『ＪＪ』は女子大生を中心に他の追随を許さない人気雑誌であり、その専属モデルであることは、ステイタスであり、「ＪＪモデル」というブランドであったからだ。

そして梨花と平子理沙の二つ目の共通点は、二〇代の頃よりも、現在の方が圧倒的な支持を得ているということである。もちろん、二人ともＪＪモデル時代に人気がなかったわけではない。しかし、モデルにしては背もそれほど高くなく、抜群のスタイルというわけでもない平子理沙はメインのモデルというよりは、お気に入りのブランド物のバッグや服のコーディネートを見せる「お嬢様モデル」という特殊なポジションにいた。(12)当時は、単独で『ＪＪ』の表紙を飾っていないことからもそのことがわかる。

一方、梨花はクオーターというルックスが幸いし、当時のスーパーモデル・ブームの影響で、梅宮アンナとともに「和製スーパーモデル」として世に出たのである。とはいえ、当時の『ＪＪ』では、大物俳優の「お嬢さん」であり、たびたび訪れるハワイで調達するファッションが「アンナ・カジュアル」の異名をとった梅宮アンナがメインのモデルであった。現在の梨花ブームからは想像できないかもしれないが、当初は、アンナと一緒でないと表紙も飾らせてもらえなかったのである。あくまでもアンナがいてこその梨花だったのだ。

要するに平子理沙も梨花も二〇代の頃はトップモデルではなかった。若かりし現役ＪＪモデル時代よりも、「オトナミューズ」になってからの方が、幅広い世代の女性に支持され、憧れられているのである。

三つ目の共通点としては、ともに実年齢よりも大幅に若く見えるということである。二人が主に登場するのはファッション誌の写真ということもあり、修正が入っている可能性も高いが、それでも一見二〇代の女性のように見えてしまうのだからかなりのものであろう。しかも、身に付けているファッションや醸し出す雰囲気もガーリー（少女風）でドーリー（人形風）である。まさに、「28歳、一生〝女の子〟宣言！」を体現するのが四十路を迎えたこのファッション・アイコンの二人なのである。

とりわけ、ここ数年の平子理沙の活躍は目覚ましかった。二〇代だったＪＪモデルの頃は、知る人ぞ知る存在にすぎなかったが、不惑を迎えるころから人気に火が付き、カネボウのコフレドールというメインブランドのキャンペーンガールに選ばれたり、『Sweet』だけでなく数々のファッション誌の表紙を飾るようになった。二〇代の時にはできなかった『ＪＪ』のカバーガールにもなった。今、一番旬のモデルが四〇歳。こんなことがかつてあっただろうか。化粧品のキャンペーンガールと言えば二〇代、せいぜいアラサー世代という常識を打ち破ったのだ。三〇代も後半になれば、アンチエイジング化粧品のモデルにしかなれない。そんな従来の「常識」をあっけなく飛び越えて、平子理沙は、二〇代のモデルを従え「かわいくなるための女子会へようこそ！」と呼びかける。それは、対する資生堂・マキアージュの武井咲には決して出せない「女子力」であった。何しろ、平子理沙は、武井咲が生まれた頃からＪＪモデルとして活動しているのだから。かわいくなるためにメイクをし続けているのだから。しかも実際、時が止まったかのように、かわいさを保ち続けているのだから。

ロングヘアに短く切りそろえた前髪、長いまつげに縁取られた人形のように大きな目、バラ色の頬、ぽってりした唇。水森亜土が描く女の子のようなそれはまさにオトナミューズであり、大人だけどかわいい、大人だけど「女子」、そんな「大人女子」を具現化したのが、平子理沙その人なのだ。十分すぎるほど大人の年齢でありながら、自らの少女性を最大限保とうとする平子理沙。そんな彼女をファッション誌が見逃すはずがない。かくして、ありとあらゆるファッション誌に平子理沙が溢れるという事態が起こる。ファッションや美容法を公開した著書が十万部を超えるベストセラーとなる。なぜ、あんなにかわいいの？　どうやって若さを保っているの？

二〇代の武井咲が生花ならば、四〇代なのに二〇代に見える平子理沙はプリザーブドフラワーである。そして、現代の「女子」は、もはや生花にそれほど魅力を感じない。生花は数年で朽ちるかもしれない。でも、プリザーブドフラワーになれば、しばらくの間は時を止めることができる。事実、平子理沙は時を止めているではないか。何か、『Little Secret』（平子 2009）があるのではないか。女子たちは、プリザーブドフラワーになりたいと願い、「凍結」の仕方を習得したいと心から願っているのである。オリジナルではなく、シミュラークル（まがいもの、模造品）（Baudrillard 1981）としてのガールになりたいと本気で思っているのである。平子理沙のガールは虚像であり、イメージであり、まさに模造品である。オリジナルなきコピーなのだ。「平子理沙の一生ガーリー宣言」[13]という連載において、ガールのイメージの集積を見せつける平子理沙。

ファッション誌という世界の中で、「一生、姫で生きていく」[14]四十路のシミュラークルとしてのガールを現代の女子たちが崇めていること。それが「理想」として捉えられていること。そのことが今という時代を如実に表しているのだ。

しかし、少なくとも一九九〇年代の半ばまでは、そうではなかった。例えば、一九八〇年代のファッション誌において、女性たちの憧れとして人気を得ていたのは、女優の小林麻美やW浅野で知られる浅野ゆう子と浅野温子、そして石原真理子などであるが、彼女たちはいずれも大人の女性というイメージを保っていた。長いワンレングスのヘアスタイルやタイトスカート、ボディ・コンシャスなワンピースといった当時流行のヘアスタイルやファッションも大人の女性にしか似合わないものであった。

その中でも、とりわけ小林麻美は八〇年代を通して最もファッションセンスのある女優として崇拝されていた。七〇年代には女優や歌手としての活動が目立った小林麻美だが、八〇年代以降は主にファッション誌での露出が多くなる。一九八五年五月二四日号の『an・an』における「おしゃれグランプリ全国アンケート　好きな女性タレント第一位」を獲得し、読者が最も憧れる女性として、「小林麻美のおしゃれと、笑う、食べる、ふだんの顔。」という特集が組まれたこともあった。一九八四年に自身が歌い大ヒットした「雨音はショパンの調べ」の作詞をした親友の松任谷由実と買い物をする姿などが掲載されている。また、『装苑』一九八七年七月号では、小林麻美が編集長となり、まるごと一冊小林麻美特集という企画が実現した。そこでは、「小林麻美が監修するアンチ元気印のディクショナリー　アンニュイな風情が漂う麻美の魅力のすべて」と題し、AからZまでの頭文字による彼女の好きなものと彼女自身のポートレイトによって誌面が埋め尽くされていた。色はグレイが好き、ブラッサイの写真が好き、リボンが好きという具合に。

そんな小林麻美をひとことで形容するならば『装苑』でも見出しに使われていた「アンニュイ」という言葉に尽きるだろう。長身で手足が長く細い身体。ロングヘアに憂いを帯びた表情。まさに物憂げな、けだるそうな雰囲気が都会的な大人の女性を感じさせたのである。(15)

一九五三年生まれの小林麻美は人気を集めた八〇年代中頃、三〇代半ばに達していた。当時の背伸びをしたい一〇代の少女や二〇代の若い女性から圧倒的な支持を受け、まさに、そのファッションからライフスタイルまでが憧れの対象となり、現在の平子理沙や梨花に匹敵する人気を集めていた女性と言えるだろう。

つまり、一九八〇年代という時代は、まだ若い女性が成熟した大人の女性に憧れるという図式が存在していたのだ。そして小林麻美も若い女性には決して出せない、大人の「アンニュイ」な魅力を醸し出していた。だから、同じ「リボンが好き」でも、小林麻美の場合は、「シャネルのリボン、ソニアリキエルのリボン、コムデギャルソンのリボン」を比較し、大人が身に付けるリボンの魅力を説いている。それは、大人の女性だからこそ似合うシックで知的なリボンであり、それこそ「アンニュイ」なリボンの着こなしなのである。

現在の平子理沙や梨花が頭に大きなリボンを付けて、ガーリーさを強調するのとは正反対である。平子理沙や梨花は少女性を強調するためにリボンを身に付ける。それが「一生ガーリー宣言」の証であるかのように。しかし、小林麻美のリボンは「アンチ元気印」だけあって、物憂げで今にもほどけそうなのだ。事実、小林麻美特集号の『装苑』の表紙でも、彼女は胸元に細いリボンのついた黒い服を着ているが、早くほどいてほしいと言わんばかりに弛む「アンニュイ」なリボンの様相を呈している。

小林麻美以外にも、当時のファッション誌によく登場した浅野ゆう子や浅野温子、そして石原真理子といった女優たちは、まだ二〇代であったが、成熟した大人の女性の雰囲気を醸し出していた。当時の若い女性、女子大生やOLたちもまた、大人の女性に憧れ、大人の女性を感じさせるアイテムを背伸びしてでも身に付けるという風潮があった。タイトスカートを纏い、ハイヒールを履く。身体の線を強調するボディ・コンシャス。そして、腰まで届くようなワンレングスのヘア。赤い口紅にプワゾンの濃厚な香り。今となっては、バブル時代の風俗を語る時に、登場する八〇年代スタイルだが、それは、当時の女性たちの成熟への憧れを克明に映し出している。当時のファッション誌によく連載されていた森洋子の小説やエッセイ(16)も成熟した大人の女性を常に描いていた。

しかし、一九九一年、小林麻美は結婚を機に芸能界を引退し、ファッション誌を含むメディアからも消えてしまった。そして、九〇年代に入り、女性たちは女優よりもモデルに憧れを抱くようになる。物語の主人公を演じる女優よりも、モデルそのもののキャラクター性が問われる時代に突入していく。九〇年代半ばのスーパーモデル・ブームの最中に、和製スーパーモデルとしてデビューした梨花や、時代に合わせてゴージャスからガーリーに宗旨替えした平子理沙が脚光を浴びていく。大人の女性よりも「大人女子」の時代へ。世紀末、いよいよ「女子」誕生の時が近づく。

新しい世紀を迎えた頃には、ワンレングスは前髪ぱっつん（バングス）ヘアへ、タイトスカートはミニスカートへ。ハイヒールはブーツへ。赤い口紅はぽってりグロスへと完全に移り変わってしまった。それは単なる流行の移り変わりではない。成熟は否定され、未成熟であること、「大人かわいい」が最高のほめ言葉となる時代が到来したのである。むしろ、成熟は忌むべき老いへの第一歩であり、「一生、ガーリー宣言」したものの勝ちなのだ。四〇歳でもミニスカートにソックスを履いた「大人女子」が大手を振って歩く世の中がやってきたのだから。

「政権交代」がもたらしたもの

では、最後に『Sweet』に代表される宝島社の雑誌（青文字雑誌）が台頭したことで、ファッション誌全般にどのような影響がもたらされたのか。あるいは、ファッション誌の読者である女性たちはどのように変わったのか。ファッション誌における「政権交代」の意味を考えてみよう。

赤文字雑誌ではなく青文字雑誌という選択。なぜ、女性たちは青文字雑誌を支持するようになったのか。その理由は次の三つに集約されるだろう。

一つ目は、女性たちが好かれる服よりも、自分が着たい服を選ぶようになったことである。赤文字雑誌が、女性大生やＯＬを中心にコンサバティブ（保守的）なファッション、男性に好かれるためのファッションを提案し続けてきたのに対し、青文字雑誌は、自分が好きな服、自分が着たい服をテーマにそれまでの「常識」を超えたファッションを提示した。いくつになってもリボンやフリルやピンク色が着たい。そんな女性たちの思いが「28歳、一生〝女の子〟宣言！」という形に集約されたことが、青文字雑誌躍進の大きな要因である。

二つ目は従来の制服提案型雑誌に多くの女性たちが否を突き付けたということではないだろうか。赤文字雑誌とはつまるところ制服提案型雑誌であった。赤文字雑誌の生みの親である『ＪＪ』の光文社を例に挙げるならば、『ＪＪ』で女子大生にキャンパスの制服を提案し、『CLASSY.』でＯＬにオフィスの制服を、『VERY』で三〇代専業主婦に公園や幼稚園での制服を、『STORY』で四〇代専業主婦に小学校やレストランでの制服を提案し続けてきたのである。つまり、赤文字雑誌のファッションは常にキャンパスやオフィスや幼稚園といった場所と結びついており、場所を抜きには語れない制服ファッションなのだ。その場所に相応しい着こなし＝制服を求めて、人は赤文字雑誌を手に取るのである。赤文字雑誌を読むのは、お洒落が好きだからではない。人よりも際立ちたいからではない。「その場所に何を着ていけばいいのかわからない」――困った時にこそ、人は赤文字雑誌を頼りにするのだ。

しかし、リアルクローズが台頭した一九九〇年代を経て、ファストファッションが全盛となる二一世紀がやってきた。クールビズの影響もあって、オフィスにもカジュアル旋風が吹き荒れている。もう、キャンパスでもオフィスでも幼稚園でもユニクロやH&Mでかまわない。ブランドバッグで味付けすれば、お出かけにだって着ていける。そんな時代がやってきたのだ。それに、ファストファッションは、誰にでも開かれている。ユニクロのパンツやH&Mのワンピース。年齢や職業、立場を超えて、みんなが同じものを求めるようになった。

もはや、今までのような制服提案雑誌は求められないのではないか。赤文字雑誌のように、年齢や立場で読者を細分化する必要はないのではないか。むしろ、年齢や立場を超越するファッション誌があってもいいのではないか。制服よりも、好きなテイストを貫いた方がいいのではないか。赤文字雑誌がデパートなら、青文字雑誌はセレクトショップである。年齢や立場に合わせて「常識」的なファッションを提案するデパートと、一つのコンセプトやテイストによって集められたファッションを展開するセレクトショップ。どちらが優勢かは明確だろう。「ヤングミセス」も「キャリア」もみんな、「女子」であることを忘れてはいけない。

三つ目は、赤文字雑誌が描いてきたようなライフコースが崩壊しているということだろう。つまり、女子大生を経て腰かけＯＬとなり、永久就職先を見つけて寿退社。「コマダム」として、あるいは「カリスマ主婦」として輝く、三〇代二児の母の私。未婚化、非婚化、少子化が進む二一世紀の日本において、年齢や立場、ライフステージごとに制服を提案してみても始まらないということだ。三〇代にもなれば、結婚して子供の一人や二人はいるだろうという想定で『VERY』の世界は成り立っている。三五歳未婚の私はいつまでたっても『VERY』な妻に憧れる「負け犬」(酒井 2003) でしかないのだろうか。しかし、『Sweet』の世界はそうではない。極論を言えば、リボンや水玉やピンク色が好きならば、誰でも『Sweet』な世界に入っていける。未婚も既婚も問わない。専業主婦でもハケンでも、バリバリのキャリアでもかまわない。問われるのは、『Sweet』が好きか嫌いかだけだ。あるいは、「女の子宣言」するかしないかだけなのである。「常識」を超え、年齢を超え、立場を超える「女子」たちが青文字雑誌を支持するのは、当然のことではないだろうか。

3 良妻賢母はもう飽きた？

「ガール」雑誌の台頭

『Sweet』の成功を受け、年齢や立場を敢えて明確にせず、「女子」やガールを謳い文句にしたファッション誌が目立つようになった。一つは、角川春樹事務所から発行されている『美人百花』である。このタイトルにも示されているのだが、もともと二〇〇五年五月にこの雑誌が創刊された時の誌名は『美人画報』であった。しかし、安野モヨコの『VoCE』誌上における同名タイトルの連載がすでに書籍化されベストセラーになっていたため、急遽同年八月号より『美人百花』として再出発した。つまり、安野モヨコ的「女子」とは切っても切り離せない出自だということだ。

創刊時より、「コンサバより若くて華やか、ギャルより可愛くてリッチ　二五歳からのバラ色のおしゃれ人生をフィーチャー！」を合言葉に、二〇代後半から三〇代半ばの女性に向けて、大人かわいい、ガーリーなファッションを紹介してきた。二〇〇六年三月号の時点で、その当時人気の高かった女優の黒木瞳を表紙に起用し、「これが『大人可愛い』の最上級！　二〇代女子の〝いつかなりたい〟憧れのひと　黒木瞳さんに一〇〇の質問！」という特集を組んでいる。また、平子理沙にも早くから目を付け、たびたび表紙や中身の特集はもちろん、「平子理沙の一生ガーリー宣言！」という連載も五年ほど前から行っている。

創刊から五年半ほどは二ヵ月に一度発行される隔月刊の形をとっていたが、「女子」ブームに支えられ、二〇一一年四月からはついに月刊誌となった。現在では、女子大生から三〇代にまで支持されるファッション誌の一つに成長したのである。後発でありながら、『美人百花』がここまで人気雑誌となったのは、理由がある。『Sweet』をはじめとする青文字雑誌は付録の力に助けられたが、『美人百花』の場合は、その誌面づくりの手法に勝因がある。一言で言うならば『美人百花』

は雑誌の「ブログ化」を徹底して行ったのである。雑誌のライバルは、もはや雑誌ではない。ネットも含めたあらゆる情報と戦わねばならない。『美人百花』はそのことをよくわかっていたのだ。読者モデルを載せているだけではもはや差別化はできない。読者が一番知りたい情報は何か。それは、もちろん「パリコレ」などではない。読者モデルの着こなしも大事だが、それよりもみんなが知りたいのは、あの人の「バッグとその中身」である。

人気モデル、タレント、ファッション、美容関係者から読者モデルまで。気になるあの人が、どんなバッグを愛用し、その中に何を入れているのか。あるいは、化粧ポーチとその中身はどうなっているのか。こういった記事は、もちろん今までのファッション誌にも存在した。モード誌ではありえないが、『JJ』のような読者モデルを起用するタイプのファッション誌では、時たまメインではないページで行われていた。しかし、『美人百花』はこれを中心に据えたのである。いきなり、特集が「『美人たちの冬バッグとバッグの中身』完全生中継！」(二〇一四年二月号)から始まるのである。「有名人、モデル、業界人、読モの愛用のお財布、最近のハマりもの、冬の防寒、乾燥対策までぜんぶ！」と題して、IKKO、華原朋美といったタレントから道端アンジェリカ、美香、木下ココといったモデル、そして読者モデルまでが、愛用品を見せびらかしている。例えば、フェンディのファーでできた白いバッグを手にしたIKKOの写真の傍らには、財布から化粧品、美顔器から保温靴下までが夥しく散乱している。

それは、すみずみまで編集された誌面ではないため、愛用品が重なることもある。例えば、人気モデルのAとタレントのBは同じ財布を使っている、今季はサンローランのベイビーダッフルの人気が高いようだなど、「リアル私物」の集積ならではの情報を得ることができるのだ。

このように、誰が何を買い、何を愛用しているのかというブログ的な情報こそが、最も読者に求められているのである。「ブログか、フロクか」――二〇〇〇年代以降ファッション誌が生き残るために採った戦略であるが、『美人百花』は前者の代表格として頭角を現し、ブログ化するファッション誌というスタイルを確立したと言える。それは、『JJ』が約四〇年前に行った読者モデルの手法を、さらに推し進めたものだ。あの人が、何をバッグの中に入れているのか。女性にとって小宇宙であるバッグの中身を暴きだそうという究極の覗き見趣味こそが、SNSに対抗する有効な戦略であり、雑誌の未来に繋がる希望の光でもあるのだ。『美人百花』の躍進は女性にとってバッグとその中身が極めて重要であるということを改めて思い起こさせる契機となったのである。

もちろん『美人百花』の成功を受けて、追随誌も現れた。とりわけ、二〇一二年一一月に創刊されたその名もずばり『andGIRL』(エムオンエンタテインメント)は、表紙から中身まで『美人百花』と非常に似通っている。それもそのはず、編集長は『美人百花』から引き抜かれた人物であり、創刊号の表紙も平子理沙なのである。ただ若干異なるのは、そのキャッチフレーズであろう。「アラサーになっても、仕事ができても、結婚しても、『ガール』な大人たちへ!」を謳い文句に、『美人百花』以上に「大人だけどガール」を前面に出している。その象徴として選ばれているのが、創刊一周年記念号の表紙も飾った平子理沙である。同号では、「平子理沙 〝大人可愛い〟を作る10のこと」と題して、「スニーカー&デニショー（デニムのショートパンツ）」「ミニワンピ&ブーツ」を着こなし、「リボン」や「ハート」モチーフを身に付け、「うさぎとネコ」になりきるオトナ・平子理沙のガーリーな姿が何ページにもわたって掲載されている。

このように、『美人百花』が控えめに「二五歳からのバラ色のおしゃれ人生をフィーチャー!」していた結果として、アラサーの「大人女子」にも受け入れられたのに対し、後発の『andGIRL』は、最初からアラサーをターゲットに、大人になってもガールを目指そうと提案するのである。「ガール」であることと、年齢や立場は関係ないというメッセージは、『Sweet』の「28歳、一生〝女の子〟宣言!」に匹敵するものであり、ポスト『Sweet』の時代だからこそ、『andGIRL』は確信犯的に創刊された新たな大人ガール雑誌なのだ。だから、『Sweet』の「女の子宣言」と同じく、『andGIRL』の「大人ガール」宣言に勇気づけられたアラサー以上の女性は多いのではないか。『美人百花』と区別できないと言われながらも、無事一周年を経て定着しつつあるのは、「大人ガール」を明確に打ち出したからではないか。実際、創刊一周年記念号では、四〇代後半の元女優で美のカリスマ君島十和子が、「『大人だけど、ガールを目指していいんだ!』という勇気をいただきました」というコメントを寄せている。

『美人百花』も『andGIRL』も『Sweet』ほどには、「常識」を超えているわけではない。平子理沙のページは、『Sweet』同様に今までの「常識」からかけ離れているが、『美人百花』には毎号「美人百花ON! 仕事服もっとおしゃれでいいじゃない」というOLのための着まわし提案記事が掲載されている。例えば二〇一四年二月号では、「1/12—2/11　広告代理店営業、里香の真冬のあった可愛い着回し計画」と題して、比較的甘さを抑えた毎日のコーディネートが提案されるのだ。また、『andGIRL』にも「甘口派の愛されアウターVS辛口派のおしゃれアウター　今年の場合!」（『andGIRL』二〇一三年一一月号）などといった赤文字雑誌を彷彿とさせるようなタイトルと内容の記事も見受けられる。つまり、この二誌は、「大人ガール」を謳ってはいるものの、青文字雑誌のように「好きな服」だけを着ているわけではないのだ。時には、「常識」を意識しつつ、でもガールでいたい。赤文字雑誌と青文字雑誌の間を揺れながらも、「女子」としての自らの立ち位置を模索する姿が見え隠れする。

しかし、赤文字雑誌や、それに準ずるコンサバティブな姿勢の雑誌は、こういった新参者の大人ガール雑誌によってかなりの打撃を受けているのは間違いない。例えば、老舗『家庭画報』の娘として、バブル期に誕生した『MISS』（元『ミス家庭画報』、世界文化社）などがそうである。『家庭画報』を愛読する母親の娘をコンセプトに究極のお嬢様雑誌として、一時は『25 ans』（ハースト婦人画報社）に対抗する華やかさを誇っていた[17]が、お嬢様ブームが過ぎ去り、バブルは崩壊し、未婚化が進む中で「ミス」の期間がどんどん長くなるにつれ、正統派お嬢さんの立場もあやしくなってきた。『MISS』という誌名が通用したのは、いずれは「ミセス」になるからこそなのであって、「ミス」期間が一〇年もあるいはそれ以上も続くとは、二〇世紀の「お嬢さん」には考えられなかったからである。誌名から『家庭画報』がとれて『MISS』になった二〇〇二年頃からは、働くお嬢さんのファッション誌として、『CLASSY.』（光文社）や『BAILA』（集英社）などと対抗することになった。

しかしながら、二一世紀に入り、まわりに「女子」を謳った雑誌が登場するにしたがって、『MISS』という誌名はますます居心地の悪いものになっていった。「ミス」って誰？「ミス」って私のこと？ いつまでも未婚と既婚に女を分けないでよ、ミスコンじゃないんだから。苦肉の策として、『MISS』はついに『MISS＋』とちょっぴり名を変え、イメージも刷新する。創刊二五周年を迎えた二〇一三年のことだ。「ミスでも、ミセスでも、ママになっても、しなやかに生きる女性のために」と思いきって『andGIRL』や青文字雑誌を追随してみたものの、時すでに遅し。「大人女子」が闊歩する二一世紀に「次世代お嬢様スタイル」はやはり無理があった。とうとう『MISS＋』は二〇一四年二月号にて四半世紀に及ぶ歴史に幕を閉じたのである。

このように、慌てて「女子」や「ガール」を意識しても、長年培った「コンサバ」色は隠せないのである。『JJ』もそうであるが、「お嬢様」に拘りすぎると、読者を失ってしまうのだ。なぜなら、二一世紀の女性が求めているものは、「お嬢様」や「奥様」ではなく、「女子」や「ガール」なのだから。むしろ、結婚しても、ママになっても「ガール」でいるためにはどうすればいいのか。いつまでも「女子」は可能なのか。そういう声に応えてくれる雑誌こそ、求められるのだ。次は、ママになっても「女子」を謳った雑誌を見てみることにしよう。

ママでも「女子」――良妻賢母規範からの脱却

育児雑誌ではなく、ファッション誌において母親であることを前面に掲げるようになったのは、いつからなのか。しかも、赤文字雑誌『VERY』のように母親としてのファッションを提案するのではなく、母親でありながら母親を敢えて感じさせないファッションを紹介する雑誌が登場するようになったのはいつ頃か。その前段階である妊娠や出産に関しては、二〇〇〇年代半ばに『CREA』（文藝春秋）が先鞭を付けてから、ファッション誌の大きなテーマとなっている。[18] 妊婦に見えないファッショナブルな妊婦はもはや二一世紀の「常識」であるが、母親に見えない母親雑誌が目立つようになったのは、ここ数年のことである。

二〇一一年に「うちのママは、世界一カワイイ。」を掲げて、小学館から『SAKURA』が創刊された。五年前の二〇〇六年に増刊号を出して以降、反響を呼び、ついに季刊誌としてデビューする運びとなったのだ。

　ママになって、女性として一層輝きを増しているSAKURAモデルのみなさん。
　ママになることの素晴らしさ、楽しさを体現している彼女たち。『SAKURA』は、彼女たちの生き方に共感し、彼女たちの魅力をずっと伝えてきました。増刊としての初刊行から5年…。
　街中にどれだけオシャレで颯爽としたママさんと子どもたち（&パパ♡）が増えたことでしょう！

SAKURAモデルのみなさんのように、オシャレも育児も仕事も家事も、自分たちらしい自然体スタイルで毎日を生き生きと楽しんでいるママさんが急増中です！『SAKURA』は、そんなママのみなさんを新しい時代をリードする女性の総称としてHot Mamaと命名しました。

（『SAKURA』二〇一一年春号より抜粋）

このように、「幸せな生活をデザインするHot Mamaファッション誌」として『SAKURA』は創刊された。では、『SAKURA』が提唱する「自分たちらしい自然体スタイル」とはいったいどのようなものなのか。それは、ショートパンツやミニスカートやビビッドカラーのワンピースを指しており、確かに『SAKURA』の誌面は既婚や母親であることを全く感じさせないスタイルのオンパレードである。子どもと一緒のシーンでのファッションを掲げているためか、『Sweet』よりパンツ・スタイルなどが多くカジュアル志向であるが、母親であることを制約ととらえずに、むしろ子どもを「子道具」に見立て、よりファッショナブルであろうとする意欲が見受けられる。例えば、お受験や入学式といった通常は「制約」を伴うはずのファッションにおいても「Hot Mama はコスプレ主義」と題して、モデルの岩堀せりを起用し、「楽しんだモン勝ち！」とばかりに、ママファッションを気負わずにコスプレ感覚で楽しむことを提案している。お受験シーンでは「今日一日は教育ママ!!　清楚な白襟ワンピースで自慢の息子を猛アピール！」という具合だ。とはいえ、実際に選ばれているのは、かなりミニ丈の紺のワンピースであり、それは『VERY』ではありえない選択である。Hot Mama にしてはコンサバ、お受験対応かもしれないが、あくまでも自分のスタイルを貫き通し、ファッションを楽しむというスタンスである。やはり、Hot Mama はママでも「女子」なのである。

また、二〇一二年に創刊された『mamagirl』はその名もずばり、ママでもガールを謳ったファッション誌である。前述の『andGIRL』と同じ、エムオンエンタテインメントから出版されており、「アラサーになっても、結婚しても、仕事ができてもガール」の行き着くところはやはり、「ママだけどガールだもん♪　おしゃれも子育ても楽しんでいこうよ。」なのだ。表紙は小倉優子など可愛らしいイメージの「ママガール」が飾っており、「ママになった今が一番キラキラしてます♪」という「スーパーママガールズ」の読者モデルが沢山登場する。「新しい時代をリードする女性」Hot Mama を掲げた『SAKURA』ほど先鋭的ではなく、紹介されるファッションにおいても『andGIRL』と同じく赤文字雑誌を彷彿とさせるコンサバティブな側面もあるが、「ママだけどガール」をここまで明確に打ち出したファッション誌としては、やはり特筆すべきである。

ママ系ファッション誌の真打は、赤文字雑誌の牙城・光文社が出した『MAMAMARIA』に尽きるであろう。これは人気写真家の蜷川実花による責任編集の形をとって二〇一三年一〇月に出されたもので、「vol. 1」とは書かれているが、現時点では第二号があるのかどうかはわからない。だが、何と言っても蜷川実花が撮影した、子どもを抱いた土屋アンナの写真を表紙に据えて、「働くママへ！」のメッセージを送るという企画は今までにないものである。登場する「働くママ」たちもカバーガールの土屋アンナを筆頭に、吉川ひなの、紗栄子、ＳＨＩＨＯ、佐田真由美、益若つばさと見事なラインナップである。文化人枠でも作家の川上未映子やマンガ家の東村アキコなど蜷川本人も含めて、従来の母親イメージが全くないメンバーばかりである。当然、それぞれが繰り広げるファッションページも、ロックやガーリーテイストに彩られており、母親の制約など微塵も感じさせない「過激」なものになっている。

なぜ、四〇年の長きに亘って、コンサバティブな女の人生をナビゲートしてきた光文社が、ここに来て『MAMAMARIA』を出したのだろうか。台頭する青文字雑誌への対抗心からだろうか。あるいは、時代とともに、『VERY』や『STORY』な母親たちもまた『MAMAMARIA』的なものに「憧れ」を抱いているのだろうか。

いずれにせよ、『MAMAMARIA』の成功いかんによって、光文社が描く『女の人生すごろく』(小倉 1994) のあがりも変わっていくのかもしれない。何度も結婚と離婚を繰り返している蜷川実花はもちろん、土屋アンナ、紗栄子、益若つばさもみなシングルマザーである。「イケダン」とかわいい子供に彩られた「新専業主婦」から、「好きに生きてこそ、一生女子」な働くシングルマザーへ。

良妻賢母規範を強化するものとして機能していた『VERY』から、良妻賢母規範をしなやかに脱却する『MAMAMARIA』へ。敢えて対極の存在を打ち出したのは、女性の人生の王道を提示することが困難になってきたからではないか。かつては、二〇世紀までは、「幸せ」な結婚という揺るぎない女の花道があった。しかし、今は違う。「コマダム」という名の「新専業主婦」が「正解」ではない。別の選択肢もある。違う人生もある。光文社は蜷川実花を使ってそのように言いたかったのではないか。ファッション誌の「女子」たちが好きに選ぶのはファッションだけではない。人生もまた、好きに選ぶことを彼女たちは求めているのである。

本章では、一九九九年に創刊された宝島社の『Sweet』というファッション誌を通して、「女子」誕生の経緯を追った。『Sweet』が「大人かわいい」という名のもとにリボンやフリルやレースに彩られたファッションを二八歳を過ぎた女性に提案することで、従来の「常識」を超え、年齢や職業、未婚既婚といった立場にとらわれることのない「女子」という存在を生み出したのである。また、『Sweet』の成功を受けて、「女子」をコンセプトにした「大人だけどガール」なファッション誌が続々と創刊され、一大勢力となっていること、さらには「ママでもガール」を謳ったファッション誌がいくつも生みだされていることから、女性たちが年齢を超越した「大人かわいい」装いを通して単にファッション面だけでなく、生き方においても規範からの脱却を求めているのではないかということを明らかにした。未婚既婚を不問にする大人ガールなファッション誌。全く母親に見えない母親のためのファッション誌。これらはすべて、従来の「常識」への挑戦なのだ。年相応。ミセスはミセスらしく。母親は母親らしく。上品に、控えめに。それはいったい何のためなのか。夫や子どもを支える妻、母として生きよ。主役ではなく、脇役として生きよ。表方ではなく、「裏方」として生きよ、ということではないのか。

赤文字雑誌は、脇役人生こそ女の花道であると説いてきた。お嬢様ファッションで上昇婚を果たした後は、良妻賢母ファッションで「コマダム」になろうと。自分の好きな格好よりも人に好かれる格好をしようと。これに対して、『Sweet』に代表される青文字雑誌は、自分の好きな服を着て、好きに生きよと呼びかけた。それこそが「女子」なのだと主張した。それから一五年。ファッション誌の「女子」は、ファッションという極めて表層的な手段によって、軽やかに「常識」を飛び越え、良妻賢母規範を脱ぎ捨てようとしているのである。

注

(1)本書で分析対象とするファッション誌においては、時に「女の子」「女子」「ガール」といった言葉が同じ意味合いで使われている。それゆえに、本書においても、明確な定義づけを行っていない。敢えて違いを挙げるとすれば、「女子」は、「女の子」、「ガール」を包括する概念として比較的広義に意味づけられ、ファッション誌を超えたさまざまな領域で使用されているということである。

(2)付録の材質に関する規制緩和は二〇〇一年、景品の上限額に関する規制緩和は二〇〇七年に行われた。まさに、クオリティの高い付録を付けることが可能になった時期に、『Sweet』は創刊されたのである。

(3)このような従来型のデパートのフロア構成に一石を投じたのが、二〇〇〇年頃から東京や大阪を中心とした一部のデパートにおける「イセタンガール」(伊勢丹)、「うふふガールズ」(大丸)といったコーナーの登場である。「ヤング」の婦人服ではなく、「ガール」というテーマ性に基づき、「かわいい」ファッションや雑貨を集めたセレクトショップ型のフロア構成は、まさにファッション誌の「女子」の誕生に危惧を覚えたデパートが採った対応策と言える。
(4)日本ABC協会の雑誌販売部数によれば、宝島社が発行する『Sweet』が、二〇〇九年から二〇一三年まで五年連続ファッション誌販売部数一位を獲得している。販売部数自体は減っているが、ファッション誌全体の部数低下が顕著になるなか、人気雑誌として健闘し続けている。
(5)パステルカラーのワンピースやカーディガンからなるファッションがモデル・蛯原友里のイメージと結びつき、合コンでモテる最強のキャラクター「エビちゃんOL」が誕生した。
(6)『シャネル20世紀のスタイル』(秦 1990) より。
(7)朝日新聞東京本社版二〇一三年四月二日付朝刊より。発行部数は、日本ABC協会による。
(8)日本ABC協会二〇一三年上半期(二〇一三年一月〜六月)の調査をもとに、宝島社が作成したプレスリリース「宝島社ニュースレター号外」二〇一三年一〇月三一日発行より。
(9)『2012宝島社パンフレット』「読者ニーズを掘り起こす9人の編集長」より。
(10)『Sweet』に代表される「大人かわいい」ファッションの台頭と、スイーツのファッション化の時期は呼応している。ファッション化の代表的な存在であるマカロンで有名なフランスのラデュレの日本上陸は、二〇〇八年のことである。その後、ラデュレのマカロンはスイーツとしてだけでなく、マカロンをモチーフとしたファッション雑貨(ハンカチ、バッグ、文具など)のライセンス商品や化粧品(レ・メヴェイユーズラデュレ)として幅広く「女子」に消費されている。
(11)新雑誌の編集長も『Sweet』と同じく渡辺佳代子が務めている。
(12)一九九〇年代前半の『JJ』で連載されていた「平子理沙のゴージャス大好き」など。
(13)『美人百花』において月刊化される前から続く長寿連載のタイトル。
(14)化粧情報誌『MAQUIA』(マキア)二〇〇九年七月号で平子理沙が表紙を飾った時の特集タイトル。

(15)八〇年代後半から九〇年代前半にモデルとして人気を博した桐島かれんも同様のイメージで支持されていた。現在も、四〇代、五〇代向けファッション誌に登場し、『大人のおしゃれ手帖』の表紙も飾る桐島かれんであるが、結婚し四人の子供の母となってからはかつての退廃的なイメージとは相反する、ナチュラルで生活に根差した「美しさ」を表現している。

(16)「結婚の処方箋」(九二年一月〜八月号)「恋愛論」(九三年一月〜八月号)など創刊されたばかりの『ミス家庭画報』をはじめとする二〇代向けのファッション誌で「大人の女性」の生き方を説くことも多かった。

(17)最盛期である一九九三年には創刊五周年を記念して、東京と神戸のホテルで読者による「ファッション・コーディネート・グランプリ」が開催された。その選考会を兼ねたパーティの写真が掲載された誌面(『ミス家庭画報』一九九三年九月号)からは、華やかな「お嬢様ファッション」で集う読者たちの様子が見て取れる。

(18)二〇代女性を対象とした雑誌、例えば『an・an』でも二〇一一年一一月二日号において「はじめての妊娠・出産」特集が組まれるようになった。

第二章　「大人女子」という生き方

1　自己肯定と脱良妻賢母――『GLOW』を読む

「三〇代女子」から「四〇代女子」へ

前章で取り上げた宝島社の『Sweet』は、二八歳を過ぎた「女子」に甘い砂糖菓子のようなファッションを提案して「常識」を超えたが、もちろん世の「女子」たちは、リボンやフリルだけを好んでいるわけではない。『Sweet』の甘さを若干抑えて、よりカジュアルに個性的に仕立てたのが、「三〇代女子」という言葉を世に浸透させた宝島社の『InRed』である。個性派ファッションの『CUTiE』や『SPRiNG』の流れを汲む三〇代、それが『InRed』の目指すところであった。従来の三〇代と言えば、ライフスタイルによってファッションも規定されていた年代である。未婚なのか、既婚なのか。キャリアなのか、主婦なのか。ママなのか、そうではないのか。そのファッションは立場とともに明確に線引きされていたのである。例えば、一九九五年に創刊された『VERY』は、三〇代「新専業主婦」をターゲットにしていた。だからこそ、三〇代で未婚、子なしの「負け犬」[1]は、『VERY』を読むことができなかったのである。だが、結婚年齢が上昇し三〇代未婚女性が増えた二一世紀の現在、『VERY』を堂々と読める女性は確実に減っている。しかしだからと言って、みんながみんな『Domani』や『Precious』[2]を片手にデキる女を目指すわけでもないのだ。

そのような状況下に『InRed』は颯爽と登場した。高級ブランド尽くしのマダムでもない。パンツスーツを着こなすいい女風キャリアでもない。もちろん節約に勤しむ主婦でもない。三〇代でも二〇代の時と変わらず、自分の好きな服を着る「女子」でいたい。いくつになってもロックなテイストやエッジィなセンスは持ち続けたい。毎号、YOUや小泉今日子といった「女子」がカバーガールを務めた『InRed』は、二〇〇三年の創刊以来、そんな「三〇代女子」たちから絶大な支持を受けてきたのである。現在も、安定した販売部数を保っており、宝島社は三〇代女性誌のシェアNo.1を誇示している[3]。

しかし、創刊から七年の時が経ち、『InRed』な「三〇代女子」たちもそろそろ不惑を迎えようとしていた。果たして「不惑でも女子」は可能なのか。この大問題に正面切って「イエス」と答えたのが、二〇一〇年秋に同じ宝島社から創刊された『GLOW』である。本邦初「四〇代女子」のための雑誌として登場した『GLOW』の表紙はもちろん、最強の「四〇代女子」となったYOUと小泉今日子が飾っている。「なんてったって四〇代女子！ 女子はやめられない！」という声が聞こえてきそうなインパクトのある表紙である。もちろん、創刊時から二人はファッションページのモデルも務めており、ミニスカートやショートパンツ、セクシーなミニドレスやスタッズの付いたライダースジャケットなど、年齢も立場も飛び越えた理想的な「四〇代女子」の姿をこれでもかと見せつけている。

『Sweet』が生みだし、『InRed』が切り開いた「三〇代女子」、そしてそれを引き継ぐ『GLOW』の「四〇代女子」のおかげで、「大人女子」はすっかりファッション誌の世界でお馴染みの存在となった。ファッション誌における「女子」の誕生とその成長は宝島社の青文字雑誌とともにあったと言っても過言ではない。だから後発であるにもかかわらず、それぞれの年代で宝島社の雑誌は、既存の雑誌をおびやかすようになっている。二〇一四年で創刊四周年を迎える『GLOW』も、四〇代女性誌シェア№1を謳い、揺るぎない人気を誇っている。現在の日本では一〇代も女子なら四〇代も「女子」である。他社に先駆けて各年代の「女子」を応援する雑誌を生みだした宝島社は、この流れをいち早く、感覚的に理解していたのだ。「大人女子」がこれからの日本に増殖することを。「大人女子」が必要とされていることを。

四〇代で「女子」なんて。そんな躊躇いは一切ないのが、『GLOW』の強みである。「アラフォーって呼ばないで。私たちは40代女子です。」（『GLOW』二〇一〇年一二月号）というセンセーショナルな見出しが目を惹く創刊号以来、毎号のように「四〇代女子宣言」を行っているのである。キャッチフレーズからして「ツヤっと輝く、40代女子力！」であり、この印象的なフレーズは二〇一四年二月まで変わらずに表紙の左上に鎮座していた[4]。

それだけではない。例えば、二〇一三年の一年間を見ても、表紙の見出しには毎月「四〇代女子」という言葉が使われていたのである。

二〇一三年一月号　「これってあり？　40代女子のこう着る！　大事典」
二〇一三年二月号　「40代女子はツイてるモッてる！　強運な女になります！　宣言」
二〇一三年三月号　「40代女子は服も美容も恋愛も！　春にはちゃっかりいい女！　大作戦」
二〇一三年四月号　「40代女子は〝なりたい私〟に変身！」
二〇一三年五月号　「40代女子の大人もあり？　着こなしQ&A」
二〇一三年六月号　「40代女子はゆるヤセ服で華奢になる！」
二〇一三年七月号　「40代女子のコスパは二刀流！」
二〇一三年八月号　「40代女子31人が証明しました！　コーデ、ヘア、メイク見直しで美人度200%！」
二〇一三年九月号　「40代未妊女子事情」
二〇一三年一〇月号「40代女子が輝く〝華やかベーシック〟」

これだけ、毎月「四〇代女子」と連呼されれば、「アタシだってまだ女子なんだ」と四〇代はその気になるだろう。そして、「四〇代女子」は世間にも認知されていくだろう。

同年一一月、一二月それから二〇一四年一月号では、いささか食傷気味になったためか、あれほど使われていた「四〇代女子」が一時消えている。しかし、二〇一四年二月号では、再度「40代女子は、2014年もっとツヤめく！」と復活しているので、今後も「四〇代女子」という言葉は切り札として使用されていくと思われる。

それにしても、この見出しを追っていくだけでも、「四〇代女子」がいかに「輝」かねばならないかがわかろうものである。四〇代女子は「強運な女」であらねばならないし、「ちゃっかりいい女」にもならねばならない。何と言っても「なりたい私」に変身するのが「四〇代女子」なのだ。「ゆるヤセ服で華奢にな」ったかと思えば、「華やかベーシック」も着こなさねばならない。時には、「これってあり？　大人もあり？」と躊躇しながらも、「コーデ、ヘア、メイク見直しで美人度200％！」を目指すのだから。そんなに簡単に「老い」に忍び寄られては困るのである。外見の問題だけでなく、四〇代であっても「未妊女子」は「妊活」(5)にも励まなければならないのだから。「四〇代女子」として、「ツヤっと、輝く40代女子力」を高めるのもタイヘンなのだ。目標はあくまでも高く、「100歳までハイヒールが履ける脚になる！」（二〇一三年二月号）である。四〇代は折り返し地点ですらないということだろうか。確かに、創刊二周年記念号では「恋しても、働いても、ミニスカはいてもいいじゃない！　40代女子はまだまだわたし新発見！」（二〇一二年一二月号）と畳みかけている。

四〇代は決して後半戦なんかじゃない。まだまだ上り調子。恋だってするかもしれない。それも、「最後から二番目」[6]ぐらいの、という勢いが感じられるキャッチフレーズだが、もちろんそれは女性のライフコースの劇的な変化を下敷きにしている。晩婚化、未婚化に加え、バツイチにシングルマザー。まさに、『GLOW』が言うように、「母です。妻です。シングルです。私たちみんな『40代女子』です。」（二〇一〇年一二月号）という現状なのである。

「大人女子」という生き方

そのようなさまざまな立場の女性たちを、従来のようにキャリアだ、専業主婦だという二分法ですんなりと分類することはできない。『Precious』にも『STORY』にも描ききれなかった女性像、そこから毀れ落ちていた女性像、まさにそれが『GLOW』の表現する「四〇代女子」であるからだ。

彼女たちが「女子」に求めているのは、ファッションやメイク、髪形といった外見的な自由さだけに留まらない。それ以上に、妻や母といった役割にとらわれない、「私」を優先する生き方、自分が主役の人生、それがまさに「女子」なのである。だから彼女たちは、四〇代になっても「女子」であることにこだわるのではないか。「大人女子」であろうとするのではないか。まだ何も役割を付与されていなかった、あるいは期待されていなかった一〇代の女子のように。まさに、「好きと書いて女子と読む」、「好きに生きてこそ、一生女子」（『GLOW』創刊号）なのだ。それだけに、誌面でたびたび行われる「一生女子宣言」は脱良妻賢母宣言と読むことができるのではないだろうか。

創刊号はもちろん、毎年、創刊月である記念すべき一二月号の表紙に小泉今日子が登場するのはなぜなのか。それは小泉今日子こそ、「四〇代女子」のアイコンであり、『GLOW』が目指す「大人女子」という生き方を体現している人物であるからだ。バツイチ四八歳（二〇一四年三月現在）の小泉は「大人女子」に向けて次のように言う。「老化は進化。相変わらず早く大人になりたいって思ってるし、前に進めることがうれしい。」（『GLOW』二〇一三年一二月号）そう、「女子」たちはいくつになっても「進化」するのである。四〇代を人生の後半戦としてとらえるのではなく、いつまでも前半戦の勢いで楽しむ。これが「大人女子」の生きる道。これからも上り坂の人生を歩むためには、そんなに簡単に大人になってはいけない。今までの四〇年間も、「我々は見事におこちゃまだ。おこちゃまのまま、だだをこねつつ自分かわいさに生きてきた」（村上 2005：141）のだから。

その小泉今日子やＹＯＵを筆頭に、『GLOW』の表紙を飾る「四〇代女子」たちは、みな思い思いの格好をしている。もちろん、中身に登場する読者モデルの「四〇代女子」たちも同じである。ミニスカート、ノースリーブ、ショートパンツにハイヒール。そのファッションは二〇代のそれと変わらない。年齢を飛び越えること。そして、立場を飛び越えること。何歳なのか、そして何者なのかを敢えて不問にすること。『GLOW』が目指しているのはこの二つである。それは、宝島社の雑誌すべてに共通するコンセプトでもある。赤文字雑誌が提案してきた年齢や立場に相応しいファッション（女子大生にはキャンパス・ファッション、OLにはオフィス・ファッション、園ママには幼稚園・ファッション）に青文字雑誌は否を突きつけた。それは不惑になっても当然変わらないのだ。四〇代であっても、母であっても、シングルであっても、私たちは「四〇代女子」。好きな服を着たい、好きなように生きたい。ファッションも生き方ももっと自由になりたい。『GLOW』の人気はそんな「四〇代女子」たちの思いを表しているのではないだろうか。

このように「四〇代女子」を掲げて創刊した『GLOW』は、二一世紀的「大人女子」の生き方を最も明確に示しているファッション誌なのである。そもそも『GLOW』という誌名にも端的に現れているように、いくつになっても「私自身が輝きたい」という女性たち。四〇代になってもその願望を包み隠さず、ストレートに表現したのは、『GLOW』が初めてなのではないだろうか。

ここでもう一度、『GLOW』創刊号と創刊一周年、二周年、三周年記念号の表紙におけるキャッチフレーズを整理してみよう。創刊号と各記念号には、雑誌のコンセプトや今後目指す方向性が最も色濃く現れるからである。

創刊号二〇一〇年一二月「好きに生きてこそ、一生女子！　私たち40代、輝きます宣言！」（表紙モデル　小泉今日子、YOU）

創刊一周年二〇一一年一二月「今の私がいちばん好き！40代女子、万歳！」（表紙モデル　小泉今日子、YOU）
創刊二周年二〇一二年一二月「恋しても、働いてもミニスカはいてもいいじゃない！　40代女子はまだまだわたし新発見！」（表紙モデル　小泉今日子）
創刊三周年二〇一三年一二月「服もメイクも今の私らしく！今の私が好き！　40代の輝かせ方」（表紙モデル　小泉今日子）

ここから最初に浮かび上がってくるのは、強烈な自己肯定の意識である。つまりは、「四〇代女子」礼賛である。四〇代という年齢を積極的に受け入れて、肯定すること。『GLOW』の功績は、まず、「今の私がいちばん好き」と四〇代を肯定することによって、二〇世紀の四〇代女性の前に立ちはだかっていた年齢という壁を取り払ったことにある。それから、専業主婦、キャリア、未婚、既婚、子ども有り、無しというそれぞれの立場の違いという壁をも「四〇代女子」という言葉によって打ち破ったのだ。シングル、バツイチ、シングルマザーなど、あらゆる状況に置かれた女性を「四〇代女子」という言葉によって肯定したのである。要するに、ファッション誌の「女子」には、勝ち犬も負け犬もないということを示したのだ。

もう一つの大きな功績は、「ツヤっと輝く、40代女子力」「好きに生きてこそ、一生女子」といったキャッチフレーズによって、良妻賢母規範からも脱却しようとしたことだ。

二〇世紀のこの年代の女性たち、すなわち四〇代といった世代は、まだまだ夫や子供のために生きることを要請されていたであろう。結婚や出産を経て、誰々さんの妻、誰々ちゃんのお母さんと呼ばれることを余儀なくされていたのである。それは、否応なく演じることを要求される良妻賢母という名の脇役であった。(7)

しかし、二一世紀を生きる「四〇代女子」たちは、良妻賢母規範から自由になろうとする。夫や子供を輝かせるよりも私自身が輝きたい。たとえ、四〇代になろうとも。だから『GLOW』は「私たち40代、輝きます宣言!」をしたのである。この宣言が意味するところは何か。四〇代の彼女たちが「女子」という言葉にこだわり、いくつになっても「女子」であろうとするのは、妻や母としてではない私が主役の人生を送りたいというメッセージなのではないか。他の誰にでもない、私に萌える私が主役の人生。それは、ファッションやメイクで「女子」を装うだけではない。十分に大人の年齢になっても、一生、「女子」として主役人生を謳歌するということ、これこそが彼女たちが求める「大人女子」という生き方なのだ。

自己肯定と良妻賢母規範からの脱却―創刊から三年以上経った『GLOW』は四〇代後半になってもミニスカで恋する小泉今日子を使って、それこそが「大人女子」という生き方なのだと説き続けている。『GLOW』が四〇代女性誌No.1であり続ける限り、読者である「四〇代女子」たちは、「大人女子」という生き方を支持していると言えるだろう。

「大人女子」の行方

では、今後の『GLOW』はどこへ向かっていくのだろうか。小泉今日子やYOUが五〇代を迎えた時、「四〇代女子」たちが五〇代に差し掛かった時、また新たな新雑誌が創刊されるのだろうか。それは、そう遠くない未来の話であるが、「五〇代女子」を謳った雑誌が登場する可能性は十分にある。なぜなら、ファッション誌とともに生きてきた「大人女子」が、ファッション誌という水先案内人なしに、五〇代を生きていくことは難しいと思われるからだ。

宝島社は、二〇一四年三月に四〇代、五〇代の「大人女子」に向けた『大人のおしゃれ手帖』を世に出した。だが、『大人のおしゃれ手帖』とは二〇一〇年、『GLOW』とほぼ同時期に宝島社から創刊された『リンネル』の大人版なのだ。『リンネル』はファッションよりもむしろライフスタイル（食べること、住むこと）に重きを置いた広義のファッション誌である。だから、『大人のおしゃれ手帖』のターゲットも「日々の生活を重視する知的な女性」であり、創刊号の見出しには「いい大人はみんな『普通』がおしゃれです」とある。表紙モデルは黒いシンプルなワンピースを着た桐島かれん。化粧も控えめだ。飾り気のない一切の無駄を省いたおしゃれ。そこには、『GLOW』のミニスカートや、ライダースジャケットのようなロックテイストやエッジィなセンスは感じられない。もちろん、「大人女子」を鼓舞する言葉もない。そのシンプルな表紙はすでに存在するマガジンハウスの『クロワッサン』や『クロワッサンプレミアム』（現・『アンドプレミアム』）(8)に似ていなくもない。そもそも『リンネル』自体がマガジンハウスの『クーネル』を意識して作られている。

『クーネル』とは文字通り、食うと寝るを意味しており、「ストーリーのあるモノと暮らし」――つまり、食べることと住むことこそをオシャレにしよう、というコンセプトの雑誌なのである。『クーネル』の創刊は二〇〇三年である。ファッションのマガジンハウスが、ファッションを抜きにした雑誌を出すとは、隔世の感があるがそれは、当時のロハスブーム(9)に影響されてのことであろう。『リンネル』はそれより七年遅れて世に出たが、同じようにロハス的な要素を持っている。それは端的に言えば「ファッションよりも生活にこだわる方がおしゃれ」というスタンスだ。この傾向は、当然年齢を重ねるにしたがって強まってくる。三〇代よりは四〇代、四〇代よりは五〇代になるにつれて、ファッションよりも着ることよりも大切なものがあるとでもいうように。大人になれば、衣食住の「食住」を重視することがむしろ知的であるという意識を芽生えさせなければならないのだろうか。成熟とともに達観しなければならないのだろうか。

世間ではもちろんのこと、ファッション誌の世界においても、不惑以降に着倒れ人生を送ることは「知的」ではないと考えられている。二〇一四年二月に新創刊、またまたリニューアルとなった文芸春秋の『CREA』も、知的であることをことさら強調している。「馬鹿がつくほど、知的。」――馬と鹿のイラストを従えて、『CREA』はリニューアル号でパリを特集する。「今までの女性誌には、満足できない人たちへ。」と銘打って、教えてくれるのが、「賢者33人が明かすとっておき。秘密のパリ」なのだ。今さらパリ特集では既視感がありすぎて、新鮮さを感じられないという声はさておき、やはり「知的」であるためにはモードの都・パリの秘密を知ることが必須なのであろう。

『和樂』（小学館）などが常に着物の都である京都を特集するのも同じことだろう。パリや京都への造詣を深めてこそ「知的」と言えるのだ。

このように、ファッション誌の「大人女子」は、年齢や立場だけでなく、実は「知」という壁とも戦わねばならないのである。いい年をしてファッションばかり追いかけていていいのか、いつまで流行を気にするのか、いいかげん自分を確立してシンプルな定番スタイルに目覚めなさい、「知的」になりなさい、という声に立ち向かわねばならないのだ。

「知的馬鹿」ならぬ「ファッション馬鹿」であるファッション誌の「大人女子」が、みな『大人のおしゃれ手帖』に回収されるわけではないだろう。ほぼ同時期に宝島社から創刊された『otona MUSE』(10)は比較的「ファッション馬鹿」の三〇代後半から四〇代女子に受け入れられるだろうが、「100歳までハイヒールが履ける脚になる！」を本気で実現しようとする「五〇代女子」雑誌の出現が待たれるところである。

そろそろ宝島社以外の出版社が、四〇代、五〇代の「大人女子」をターゲットにした新雑誌を創刊すべきなのだ。現在のところ、あからさまに宝島社の四〇代「大人女子」に対抗する、あるいはライバルとなりえる雑誌はまだ登場していないが、明らかに「大人女子」の影響下にある新雑誌やその余波を受けた既存の雑誌は存在する。次は、宝島社以外の四〇代向け新雑誌の現状を見ていくことにしよう。

2　四〇代の恋と結婚──『DRESS』を読む

DRESSな女

二〇一三年四月一日、幻冬舎が出資する子会社ギフトから鳴り物入りで新雑誌『DRESS』が創刊された。ターゲットは四〇代独身女性。今までに四〇代女性向けの雑誌はいくつも存在したが、ここまではっきりと四〇代独身を謳ったのは『DRESS』が初めてである。「THE MAGAZINE FOR INDEPENDENT WOMAN」を掲げて表紙モデルには女優の米倉涼子を起用し、「LOVE 40 自由と責任、そして愛。いつも心をDRESS UP!」と鼓舞してみせた。

四〇代の自立した独身女性。もちろん十分なキャリアを持つ女性を想定しているのであろう。四〇代のキャリア女性に向けたファッション誌ならすでにいくつか存在する。小学館の『Precious』や集英社の『Marisol』がそうだ。前者は、ラグジュアリーでスタイリッシュなファッションを、後者はややカジュアルで親しみやすいファッションを四〇代キャリア女性に提案している。どちらの雑誌もオフィスでのファッションを中心に、パーティからドライブまでプライベートなシーンでの着こなしも掲載しているが、そこに夫や子どもといった家族の影はほとんど感じられない。かといって、明確に四〇代独身を掲げているわけでもないのだ。

これに対して、新雑誌『DRESS』は、婚姻歴を問わずきっぱりと現在独身であることを標榜し、

「実例 恋するDRESSな女たち」を創刊号で特集したのである。「DRESSな女」とはいったいどんな女性なのか。「私の適齢期はこれから、と今素直に思えます。」(化粧品メーカー広報 四一歳)、「恋愛はいつも、人生の幅を広げてくれる。過去の片思いにも感謝しかありません。」(飲食業人材マネジメント 四〇歳)、「仕事と結婚は私にとって同じスタンスで向き合うもの。二股かけるのは無理でした。」(皮膚科院長 四二歳)という具合に、四〇代の現在独身である読者モデルが、過去と未来の恋愛、結婚を語っている。

まさに、晩婚化、未婚化を象徴するようなファッション誌である。ほんの数年前まで四〇代は大っぴらに恋に落ちたり、結婚に逡巡したり、出産できる年齢とは思われていなかった。だが、『GLOW』の功績により「大人女子」という生き方が浸透して三年余り、「恋しても、働いてもミニスカはいてもいいじゃない!」の余波はこのような形で現れているのだ。『GLOW』との違いは、登場する読者モデルのプロフィールからもわかるように、キャリア志向が強い自立した女性であることと、独身であるがゆえに恋愛により積極的な姿勢をみせていることだ。それはキャッチフレーズの「LOVE 40 自由と責任、そして愛。いつも心をDRESS UP!」にも明確に示されている。「愛」を前面に持ってきたのが『DRESS』の新しさであるが、それに先立ってまず「LOVE 40」とある。四〇代であることを愛する。四〇代の自分を愛する。「今の私がいちばん好き」という自己肯定感は『GLOW』に勝るとも劣らないのである。

では、恋する独身キャリア「四〇代女子」である、「DRESSな女」はどんなファッションに身を包むべきなのか。イメージガールは、創刊号以来表紙を飾っている米倉涼子である。毎月、彼女がディオール、グッチ、ランバンといったハイブランドのドレスを着て、理想的な「DRESSな女」像を指し示す。また、ファッションページの特集にもハイブランドのラグジュアリーなドレスが掲載されている。金額的にも体型的にも状況的にもそのまま取り入れることは難しいだろうが、あくまでもこうあってほしいというわけだ。もちろん、手に届く価格帯の特集も用意してある。そこでは、「ときに『働くDRESS』、ときに『恋するDRESS』」と題して、比較的シンプルなものから、デザイン性の高いものまでさまざまなDRESSが紹介されている。ここでいうDRESSとは、俗に言うワンピースのことなのであるが、敢えてDRESSと呼ぶことで、ドラマティックな響きをもたらそうとするのが、『DRESS』の戦略である。


〝もっと、普段着にDRESSを着よう！〟それが私たちからの提案です。

ただ、それは特別な日のドレッシーな服ではありません。今までワンピースと呼んでいたもの、シャツワンピースをシャツドレス、ジャージワンピースをジャージドレスと言い換えれば気負いもなくなるはず。

そして、DRESSという響きになるだけで、いつもの服にちょっとドラマティックなニュアンスが加わった気がしませんか？　このアイテムは女性だけが愉しめる唯一無二のアイテム。

恋をしたとき、仕事で頑張りたいとき、悲しいとき、美しさを手にしたいとき……どんなとき

も、DRESSは貴方の味方になってくれます。（『DRESS』創刊号より抜粋）

このように、仕事にもプライベートにもDRESSを着ることで日常が輝きだす、ドラマが生まれる、と『DRESS』は提唱するわけだ。だが、「毎日がDRESS」という提案は、別に目新しいものではない。コンサバティブな女性に支持されている『25 ans』などは、常に「エレ女のユニフォーム EVERYDAYワンピース宣言」（二〇一三年五月号）のような特集を組んでいる。ただ、『DRESS』の場合は、専業主婦志向のコンサバティブな女性ではなく、キャリア女性に毎日ワンピースを着ようと呼びかけたことに意味がある。キャリア女性だからといってパンツスーツやシンプルなジャケットにタイトスカートという時代ではない。二〇〇〇年代後半から、『Precious』のようなキャリア女性向けファッション誌においても、「〝美人な気配〟が香り立つ最新『大人ワンピース』」（二〇一四年一月号）というように、仕事着としてワンピースを紹介する記事が増えてきた。きっかけとしては、前フランス大統領夫人で元スーパーモデルのカーラ・ブルーニがオフィシャルな場でディオールのワンピースを愛用していたことなどが影響していると思われるが、それだけ女性が職場において肩ひじを張らずに仕事をできるようになったということだろう。男女雇用機会均等法が施行されて二〇年近く経ち、ようやくショートカットにパンツスーツを着て「男性」にならなくてもよくなったのである。『DRESS』も言うように、ワンピース＝ドレスとは、女性にしか着られない服である。つまり、女性であることを否定せずに、むしろ楽しみながら仕事をしようという提案なのだ。

「品行方正な印象だから恋も愛も信頼も一手に」引き受けるジル・サンダーのドレス（一〇万八〇〇円）。「いつ見てもどこから見てもきれいが続く魔法のドレス」はドメスティックブランドADORE（三万九九〇〇円）のものだ。ハイブランドから手軽な価格のものまで、多種多様なラインナップから自分に似合う一着を選べと『DRESS』は言う。DRESS初心者に向けては「シャツ感覚で着こなせるシャツドレスがおすすめ」「ファスト・ブランドのいろいろなDRESSを着て身体を慣らそう」と懇切丁寧に指南している。

そこまでして、DRESSを奨めるのはなぜか。もちろん、年齢も立場も飛び越えたい「四〇代女子」のユニフォームとしてDRESSが相応しいのは、『GLOW』でも実証済みだ。

DRESSとは非日常に誘うと同時に、着る者を改めて「着る」ということに対峙させる服なのである。『DRESS』にもファッションディレクターとして参画している人気スタイリストの大草直子は、「DRESSと、着る『私』が、切磋琢磨するような、そんな関係を経験するべきなのだ。いつも着ている、『今のあなたで素敵よ』とささやいてくれるコットンのニットやデニムにはない、切迫した緊張感をもったドレス。……別に着る服に負けた勝った、ということはないのだけれど、ある意味、こんな真剣勝負をすることで、きっと私のおしゃれの知的レベルは上がるのだろう。」（『DRESS』創刊号「DRESSな女の12のたしなみ」より抜粋）と述べている。

ファストファッションが蔓延し、緊張感を失ったカジュアルな服でオフィスでもどこでも行けてしまう今だからこそ、DRESSな女の覚悟は恋愛宣言とともに際立っている。もちろん、どこまで読者が付いていけるのかは未知数であるが。(11)

「DRESSな女」の恋と結婚

毎日、DRESSを着て、仕事と恋に勤しむ四〇代独身女子。心身ともにドレスアップをかかさない「DRESSな女」たちの恋と結婚は実際のところどうなっているのだろうか。

「自由と責任、そして愛。いつも心をDRESS UP!」というキャッチフレーズを書いたのは、『DRESS』編集長の山本由樹という一九六二年生まれの男性である。かつては、赤文字雑誌の牙城・光文社で四〇代「新専業主婦」向け『STORY』とその美容版である『美ST』を作っていた人物である。その山本が、赤文字雑誌の「幸せな結婚」とは対極にある新雑誌を創刊させた。彼によれば、『DRESS』では「恋愛を結婚の上位におく」と言う。

　なぜなら恋愛のゴールは結婚ではないからだ。恋愛にゴールがあると設定すること自体、すでにそれは恋愛じゃない。誰かを愛したり愛されたりすることは、もっと純粋なもので、見返りを求めないものであって欲しい。少なくとも僕はそう思って来たし、DRESSを読む女性たちには、その思いを共有して欲しい。そんな願いを載せて、この雑誌は世に出る。(『DRESS』創刊号「EDITOR'S LETTER DRESSな女たちへ」からの抜粋)

いわゆる「美魔女」[12]ブームの立役者である彼は、従来の光文社的雑誌作りに限界を感じていたのではあるまいか。それはすなわち、「幸せな結婚」を頂点とする価値観であり、「新専業主婦」[13]こそ勝ち組（勝ち犬）だとする価値観であり、突き詰めればロマンティックラブ・イデオロギーと言っていいだろう。恋愛の終着駅が結婚ならば、『STORY』や『美ST』読者はもう、恋をする必要はない。一世一代の恋愛によって「幸せな結婚」をつかんだ勝者なのだから。「美魔女」も本来は恋をする資格がないのである。

しかし、『DRESS』はそのロマンティックラブ・イデオロギーに否を突き付けるらしい。

平成二二年度国勢調査によれば、三五〜三九歳の女性の独身率は約三〇％に達している。四〇〜四五歳の女性でも約二六％であり、現在ではアラフォー女性の三人に一人から四人に一人が独身であるとの結果が出ているのだ。[14]未婚化、非婚化が進むにつれて、『VERY』や『STORY』を読まない（読めない）女性は、確実に増加しているのである。

こういった現状を踏まえて、山本は『DRESS』を創刊する主旨を次のように答えている。

「独身アラフォー女性は、統計上、衝撃的な結婚確率しかない一方で、約9割が「いずれ結婚するつもり」と答えている調査もあります。願望と現実のギャップが大きな彼女たちは「結婚という幸せ物語」の文脈では、語れない女性たちなのです。実は、40代独身女性が明確に意識されて設計された雑誌は、現在、存在しません。彼女たちの存在をポジティブに転換させてあげる雑誌が生まれれば、そこに新しいライフスタイルが生まれるのではないでしょうか。」（日刊「アメーバニュース」(news. ameba. jp) 二〇一二年一〇月二四日より抜粋）

その結果が、「恋愛を結婚の上位におく」に繋がるわけだ。そのコンセプトにしたがって、創刊号から「実例 恋する DRESS な女たち」「もう一度、恋する女になるメーク」（創刊号）、「恋に落ちる髪になる」（二〇一三年六月号）と『DRESS』では恋、恋、恋のオンパレードだ。

しかし、その恋は結婚に繋がる恋ではない、むしろ恋愛と結婚を結びつけることはナンセンスだと山本編集長は説く。「DRESS な女」たるもの、ロマンティッククラブ・イデオロギーにいつまでもすがっていてはいけない。それよりも、純粋に恋をするのだ。見返りを求めずに愛し、愛されることに喜びを見出さなくてはならない。まるで、「恋愛は人世の秘鑰《ひやく》なり」という北村透谷のように。(15)

山本編集長の恋愛観は新しいようで、実はトラディショナルである。恋愛至上主義の原点に還ったかのようでもある。この恋愛至上（誌上？）主義は一見『DRESS』全体を貫いているように見えるが、創刊号をじっくり読んでいくとそうでもないことがわかる。例えば、甘粕りり子による連載エッセイはタイトルからして、「生涯嫁入り前」であるし、読者モデルも「私の適齢期はこれから、と今素直に思えます。」「〝本物の結婚〟を考えるなら40代からが本番。」「来年の今日は今と違う自分でいたいと思った。だから自分の殻を破り、そして彼と出会いました。」という具合に、「恋するDRESSな女たち」の結婚願望は相当なものである。特に、一度も婚姻歴のない未婚女性は、むしろ四〇代だからこそ、「本物の結婚」の「適齢期」に差し掛かっているという思いから、「婚活」に力が入っているのではないだろうか。今まで結婚しなかったからこそ、いっそう彼女たちにおいてはロマンティックラブ・イデオロギーが強化されているように思われるのだ。

編集方針としては「幸せな結婚」を否定しつつも、誌面から垣間見える「幸せな結婚」への憧れ。五〇代男性である山本編集長は「恋愛を結婚の上位にお」いても、当事者である未婚「四〇代女子」はまだ恋愛の上位に結婚をおいている。だからこそ、エッセイや読者の声、米倉涼子のインタビューの形をとって未婚「四〇代女子」の心情が吐露される。「嫁がほしい、いえいえやっぱり嫁になりたい。でも米倉涼子でいたい。」(二〇一三年七月号)と揺れる乙女心が明かされるのだ。

少女マンガや赤文字系ファッション誌によって長年培われたロマンティックラブ・イデオロギーを打破するのは、そんなに簡単なことではない。結婚にとらわれず「自由」な恋愛をするのはそんなに容易いことではないのである。

『DRESS』創刊号では、「結婚していても、していなくても、すべての女性たちが将来の不安を感じず、のびのびと自由に生きられる世の中へ」「自由な選択のなかですべての女性が輝いて生きていける社会の実現を」というまるでどこかの政党の公約のような提言が行われ、具体的に五つのマニフェストが示される。その筆頭にあげられるのが、「愛し合う二人のあり方の多様性を尊重し、事実婚を制度として認めるように求めます。」から始まる「柔軟なパートナーシップ」である。

しかし、DRESS内閣の結婚問題担当相を務めているのが、既婚者で二児の母であるタレントの小島慶子なのだ。現在結婚している彼女に「女の幸せは果たして結婚なのか？」と言われて、未婚「四〇代女子」は納得するのだろうか。むしろ、生き方担当相のイラストレーター・進藤やす子の「私はフリーランスでシングルですが、幸せです。」という言葉の方に、説得力を感じるのではないだろうか。

「幸せな結婚」よりも「幸せな生き方」をめぐってこれからも『DRESS』は模索し続けるのだろう。何しろ、五つのマニフェストは『DRESS』が「１００年先の女性にとって生きやすい世の中を目指して作成した」ものであるからだ。結婚にとらわれない「柔軟なパートナーシップ」への道はまだはるか遠いのである。

DRESSな離婚

しかし、一〇〇年後まで待っていられない、今すぐ結婚から自由になりたい、という未婚「四〇代女子」はどうすればいいのだろうか。その答えをついに『DRESS』は教えてくれたのだ。それは、一度結婚して、離婚することである。二〇一四年一月、女医でタレントの西川史子が四年間の結婚生活にピリオドを打った。彼女は、まだ結婚を継続していた二〇一三年一〇月号から『DRESS』誌上で「夫婦解散」というエッセイを連載し、夫婦の危機を実況することで、離婚への布石を打っていたのだ。「仕事があるから私はいつでも別れられる」と豪語していたのである。その所為か、早くも連載六回目にして、目出度く？「夫婦解散」の運びとなったのだ。

一九七一年生まれであり、離婚時点で四二歳の「西川先生」は、二〇一四年三月号において『DRESS』編集長のインタビューに応える形で「理想の結婚像を追い求めたことがお互いを苦しめていた」と語る。「初めの2年ぐらいは、夜20時以降の仕事は一切入れなかったんです。帰ってご飯作らなきゃって。でも、相手にとって必要じゃなかったんですかねぇ。私ががんばっているっていうことに気づいていたのかどうかもわからないですよ」（『DRESS』二〇一四年三月号）。このように、立派なキャリアがあっても、性別役割分業の意識から逃れるのは難しいのである。「西川先生」の場合は、初めの二年程度で挫折したのがかえって功を奏したようだが、そのままいくと「家事労働ハラスメント」（竹信 2013）にもなりかねない。

しかし、『DRESS』の連載のおかげで彼女は、「毎月自分の心と向き合う機会が得られ」、気持ちの整理ができ、「離婚をしたことで、『仮面を取り去って、素顔に戻ります！』」と宣言する。もはやきちんと手料理をする「良き妻」像にとらわれることもなく、仕事も制限されずに自由に生きられるようになったらしい。そして、最後に「西川先生」は、「結婚って、しても不幸、しなくても不幸だと思います。その意味では一回してみたことはよかったのかもしれない。」としみじみ語るのである。つまり、一度結婚したことで結婚の現実を知り、かくあるべきという結婚幻想がなくなったということだろうか。

家族社会学が専門の千田有紀も、『女子会2・0』において「結婚した方がいいと思いますか」

という問いかけに対し、「西川先生」とほぼ同じような回答をしている。「一回はしたほうがいいのではないでしょうか。こんなものかということを思うために……。私が周囲を見ていて思うのは、一度結婚して離婚した人は、結婚願望とか結婚幻想とか全くなくなって、すごく身軽になって、そして一人を満喫していています。ここが一番の勝ち組だなと私は思うんですよね。」（ジレンマ＋編集部編 2013：197）

千田も「西川先生」と同じ、四〇代である。社会学者と女医タレントという立場の違いはあれ、高学歴キャリア女性が「結婚」に関して同じ結論に達しているのである。結婚幻想を打破するために結婚して離婚する。それは高等手段だが、結婚幻想を打ち破るにはいちばん有効な方法なのかもしれない。

性別役割分業と家事労働ハラスメントの問題も、そしてロマンティックラブ・イデオロギーと結婚幻想の問題もなかなか正攻法では「四〇代女子」に伝わらない。フェミニズムやジェンダー論が大学で「普通」に教えられるようになったのは、九〇年代も半ばになってからであり、現在の四〇代DRESS世代の多くは、まだ学生時代にその恩恵にあずかっていないのだ。だから、「西川先生」のようなキャリアを持ち、知的階層に属する女性でも、結婚したことによって、仕事を制限し、がんばって手料理を作ってしまうのである。良き妻像にがんじがらめになり、破綻の路を辿ってしまうのである。

『DRESS』のようなファッション誌が、結婚への憧れだけでなく、その結果としての離婚を語り、結婚幻想に疑問を投げかけることで、四〇代女子も「女の幸せは果たして結婚なのか」という問題に対して真実味を持って、考えることができるのではないだろうか。

未婚四〇代女子の「私の適齢期はこれから」という声を掲載する以上に、婚姻歴ありの四〇代女子の「きっともう結婚はしない。特別ではない日常の積み重ねだと知りました」(『DRESS』創刊号より)という声をもっと伝える方が重要ではないのか。

創刊号からの『DRESS』は毎日DRESSを着て恋することを推奨するばかりで、地に足が付いていなかった。鳴り物入りで登場した割には、「四〇代女子」に今ひとつ支持されなかったのは、結婚というやっかいな問題をどのように扱うのか思いあぐねていたのからではないか。何しろ、ドラマティックなDRESSと恋にいちばん程遠い「日常の積み重ね」が結婚なのだ。

創刊から一年近くの時が経ち、「西川先生」のDRESSな離婚を特集することでようやく、男性編集長の目線ではない、「私たち」の雑誌、「四〇代女子」の雑誌に近づいたのではないか。未婚「四〇代女子」は男性編集長によって「存在をポジティブに転換させて」もらうのではなく、自らによって存在を「ポジティブに転換」させなければ「幸せ」にはなれない。そういう意味では今回の特集によって、一〇〇年後のマニフェストも少しは現実的になってきたのではないかと思えるのである。

3　雑誌育ちの「大人女子」

あなたも私も「オリーブ少女」！　――八〇年代

今まで見てきたように『GLOW』や『DRESS』といった「四〇代女子」を称揚するファッション誌が登場してきたのは、二〇一〇年以降のことであった。また、『STORY』（二〇〇二年）、『Precious』（二〇〇三年）といった四〇代女性向けファッション誌もほとんどが二〇〇〇年以降に創刊されている。

現在の四〇代は生まれた時から雑誌に囲まれ、物心ついた時から雑誌で育っている雑誌世代ゆえに、彼女たちが年齢を重ねるにつれて、それを見越した新たな雑誌が創刊されているのである。では、雑誌世代である現在の「四〇代女子」は、どのようなファッション誌を読み、血肉として育ってきたのだろうか。それは、スマホ世代である現在の一〇代、二〇代とは全く異なる環境であろうし、選択肢が少なかった五〇代以上のファッション誌第一世代とも違うだろう。八〇年代、九〇年代というファッション誌が最も輝いていた時代に一〇代、二〇代を過ごした現在の四〇代だからこそ、見えてくる風景があるはずなのだ。

ここでは現在四〇代前半である一九七〇年に前後に生まれた女性がどのような雑誌を読んで育ってきたのかを丹念に見ていくことにしよう。日本初のグラビアファッション誌『an・an』は、一九七〇年に誕生している。次の年には、『non-no』、一九七五年には『ＪＪ』と、日本を代表するファッション誌は七〇年代に出揃っている。つまり、一九七〇年生まれの女性が、ファッション誌を読むような年頃（一〇代前半~半ば）には、『an・an』も『ＪＪ』もすでに全盛期を迎えていたわけである。しかし、おしゃれに関心を持ち始めた少女にとって、八〇年代前半の『an・an』はファッションもそのライフスタイルもあまりにも現実とかけ離れたものであり、前衛的すぎた。一方で、ニュートラ、サーファーからワンレン・ボディコンへの移行期にあった『ＪＪ』も、あまりにも女子大生をターゲットとしすぎていた。『an・an』を立ち読みし、大人の世界や八〇年代の東京に憧れることはあっても、あるいは『ＪＪ』を立ち読みし、女子大生の生活を覗き見することはあっても、それは自分たちの世代向けのファッション誌ではないという違和感が付いて回った。

八〇年代前半の少女にとって、自分たちのファッション誌と呼べるのは、一九七三年に月刊化された『mc Sister』（婦人画報社、現ハースト婦人画報社二〇〇二年休刊）ぐらいのものだった。他に選択の余地はほとんどなかったのである。一九八二年、そのような状況下に、今となっては伝説のファッション誌である『Olive』（マガジンハウス）が登場した。当初は、男性誌『POPEYE』の妹誌として、女子大生をターゲットにアメリカン・カジュアルを提案していたが、一九八三年に「magazine for romantic girls」をキャッチフレーズにリニューアル。パリの女子高生「リセエンヌ」をお手本に、独自のかわいいカルチャー、少女文化を提唱することで一時代を築いたのである。「83年から87年、ティーンズの女の子たちはみな『オリーブ少女』になった」（アクロス編 1995：

206）というのもあながち誇張ではない。それほど、『Olive』の存在は際立っており、八〇年代の少女たちに影響を与えた雑誌であったのだ。『mc Sister』のように単にファッションを掲載するのではなく、「リセエンヌ」という世界観、「オリーブ少女」というライフスタイルを提案したからである。

それは、八〇年代高度消費社会に花開いた少女文化であった。だからこそ、休刊になったあとも、金沢21世紀美術館では二〇一二年二月二五日から七月一日にかけて『Olive』をめぐる展覧会「雑誌『オリーブ』のクリエイティビティ」が開催されたのである。一つのファッション誌をテーマに、それも二〇年ほどの歴史しかもたない少女向けファッション誌がなぜ、美術館で取り上げられたのか。

80年代から90年代にかけて少女時代を過ごした女性たちにとって雑誌『オリーブ』は、人気が高かったというだけでなく、特別な雑誌でした。かつてオリーブ少女と呼ばれた読者たちは、いま30代、40代となり、オリーブの感性がいまなお生活のなかに息づいています。ファッション誌でありカルチャー誌であった『オリーブ』の誌面には、心地良いライフスタイルの提案とクリエイティブな視点が存分に込められていました。本展覧会では、バックナンバーの分析と、『オリーブ』の制作に関わった人たちと読者たちの声を集め、『オリーブ』の本質に迫ります。そして、時代を代表する『オリーブ』という一雑誌から、「雑誌の時代」を検証するとともに、「現在」としての少女文化（ガーリッシュ・カルチャー）について考えていきます。（「雑誌『オリーブ』のクリエイティビティ」展概要より）

ここからも、『Olive』の独自性と影響力の強さが見て取れるであろう。つまり、八〇年代に少女時代を送った人ならば、「オリーブ少女」だった可能性が高いということだ。もし、元「オリーブ少女」ではなかったとしても、何らかの影響を受けているのではないか。少なくとも、記憶の片隅には「オリーブ少女」が存在しているはずである。

そして、『Olive』こそ、ファッション誌の「女子」にとっては根幹となっている、まさに血肉となっている雑誌である。少女ファッション、ガーリーファッション（当時はまだそういう言い方はされなかったが）というものはここから始まったからである。中森明夫的に言えば、ファッション的には成長した子供か未熟な大人でしかなかった少女たちに、子供服でもない、大人ブランドでもない少女服を初めて本格的に提案したのが、『Olive』であったのだ[16]（中森 1988）。アツキ・オオニシ、ピンクハウス、ビバユー、ジャストビギ。不思議の国のアリスやバービー人形をイメージした少女服はすべて八〇年代の「オリーブ少女」のために作られたと言っても過言ではない。「四〇代女子」[17]が一〇代女子だった頃に、それらはすべて最盛期を迎えたのだ。大人でもない子どもでもない少女のための少女服と初めて出会った「オリーブ少女」たち。フリルのスカートもリボンのブラウスも原点はここに存在するのである。

しかし、『Olive』は、卒業しなければならない雑誌でもあった。いつまでもアツキ・オオニシを着てアリスの世界で遊んでいるわけにはいかない。もともとはフランスの中高生を意味する「リセエンヌ」の雑誌は、やはり日本の女子中高生のために作られており、少女の時間にはやがて終わりがやって来る。

高校を卒業し、大学生になってもまだ『Olive』を読み続けることは憚られた。「オリーブ少女」のまま大人になることは、八〇年代当時には、許されていなかったのだ。少女服も封印されなければならなかった。『Sweet』の「一生〝女の子〟宣言！」により、その封印が解かれるのは、まだ一〇年ほど先の話である。八〇年代の少女たちは、一旦ガーリーファッションを捨て去り、別の選択を迫られることになる。

「オリーブ少女」が街を席巻した八〇年代とは、一方で赤文字雑誌が台頭した時代でもあった。元祖『ＪＪ』の創刊は、一九七五年であるが、『CanCam』（一九八一年）、『ViVi』（一九八三年）、『Ray』（一九八七年）というように、追随する三誌がすべて八〇年代に創刊されている。『ＪＪ』によって女子大生がブランド化されたこと、八〇年代半ばのお嬢様ブームとも相まって、「女子大生」「お嬢様」をコンセプトとする赤文字雑誌は一大勢力となっていく。

四誌が出揃った八〇年代後半はまさに赤文字雑誌の黄金期である。八〇年代の後半に高校を卒業した現「四〇代女子」のなかには、高校時代までの「オリーブ少女」に別れを告げ、「ＪＪガール」に転向する者も多かった。[18] リボンやバルーンスカートを心に秘めたまま、キャンパスの制服への道を辿らざるを得なかったのである。なぜなら、スタイリストやコピーライターといったカタカナ職業に就くわけでもない多くの女子大生にとって、『an・an』よりは、やはり『ＪＪ』の方が親しみ易かったからである。

欲張り女が美しい――九〇年代からゼロ年代へ

九〇年代に入っても赤文字雑誌の勢いは止まらなかった。時代はバブル真っただ中である。『ＪＪ』も『CanCam』も『ViVi』も、ワンレン・ボディコンに海外ブランドバッグを手にした女子大生の読者モデルを掲載するようになる。その中でも『ＪＪ』や『ViVi』は、シャネルやグッチといった海外高級ブランドのバッグや服を愛好する若い女性たちをシャネラー、グッチャーなどと呼んで特集し、いわゆるブランドブームに寄与した。転向した元「オリーブ少女」の中にも、ワンレン・ボディコン姿にブランドバッグを持ち、バブルを謳歌する者も少なくなかった。

しかし、いつまでもバブル時代は続かない。女子大生ライフにも終焉の時がやって来る。八〇年代の半ばには、男女雇用機会均等法も施行され、少なくとも建前上、「雇用の機会」だけは均等になっていた。就職するのか、結婚するのか、働くのならば総合職か一般職か。九三年のバブル崩壊とともにポスト均等法世代でもある、彼女たちは再び選択の時を迎えていた。

一方で、ファッション誌も生き方の選択肢が増えた女性たちのためにいっそうバリエーションが豊かになっていった。ファッションと生き方が結びついた八〇年代には、出版社によってモードかコンサバか、キャリア志向か専業主婦志向かという派閥がすでに形成されつつあったが、九〇年代以降はさらにその傾向が顕著になった。どの出版社のどの雑誌の読者になるかで現在はもちろん未来の自分も姿もわかってしまうのだ。まさに、着ることは生きることであり、雑誌の選択が人生の選択に結びついていた。

『ＪＪ』の光文社は、一九八四年に二〇代半ばの女性向けに向けて『CLASSY.』を創刊し、お嬢様・家事手伝い路線をさらに強化していたが、一九九五年には、ついに『ＪＪ』で育った三〇代「新専業主婦」向けの『VERY』を創刊した。女子大生から家事手伝いあるいは一般職のＯＬを経て、「新専業主婦」へというライフコースをファッションで明示したのである。

また、『CanCam』の小学館は、九一年に二〇代キャリア向けの『Oggi』を創刊した。その後も九六年に三〇代キャリア向けの『Domani』を創刊し、働く女性の今日（イタリア語でOggi）と明日（イタリア語でDomani）を明るく照らしてみせたのだ。元は同じ女子大生向けの赤文字雑誌であっても、『ＪＪ』と『CanCam』の描く未来予想図が異なってきたのである。コンサバなワンピースを着てマダムを目指すのか。それともパンツスーツでキャリアを目指すのか。高校時代は同じ「オリーブ少女」の友人同士でも、赤文字雑誌の女子大生を経て就職する頃には、ファッションも生き方もかなり異なってくる。好きなファッションによって生き方が変わってくるのか、望む生き方によってファッションが変わってくるのか。いずれにせよ、女性たちは雑誌によって分断されていくのだ。そして三〇代になる頃には、全く違う世界の住人になってしまうのである。マダムとキャリアはもう親友ではない。九〇年代までは、ファッション誌におけるこの分断の「物語」は有効に機能していた。

しかし、一方でファッション誌の女性たちを再度結びつける新たな動きが起こったのも九〇年代である。きっかけは九〇年代前半のスーパーモデルブームであった。パリやミラノのコレクションに登場するトップモデルたちが、発表されるモードよりも話題となりスーパーモデルと呼ばれて持てはやされるようになった。バービー人形のように完璧な肢体を持ったスーパーモデルたちが、ファッション誌の誌面を独占するようになったのだ。モードやコンサバといったファッション・テイストの違い、キャリア志向や専業主婦志向といった派閥の違いを超えて、さまざまな雑誌がスーパーモデルの特集をした。集英社の『SPUR』（一九八九年創刊）のように毎号スーパーモデルを特集することで、人気雑誌に躍り出たものもあった。これがきっかけで、八〇年代にはお互いに反発していた『ＪＪ』と『an・an』の距離もかなり縮まった。ファッション誌を読む女性たちが、「スーパーモデル」という同じ目標を目指すようになったからである。つまりは、誰もが美しい顔、身体を手に入れたいと今までにも増して切実に願うようになったのだ。

こうして、九〇年代半ばからの化粧ブームに突入していく。着る物よりも着る者が重要視されるようになり、より美しい身体、顔を手に入れることが求められるようになったのだ。女性たちの身体改造はますます熱を帯びる。化粧に耽溺するコスメフリークが現れる。外見重視社会の到来、「コスメの時代」の幕開けである。キレイになるのにキャリアもマダムも関係ないのだ。出来る限り、完璧な顔、身体を手に入れたい。女性たちの熱い想いは化粧情報誌という新たなジャンルのファッション誌を生み出していく。一冊すべてが化粧情報で埋め尽くされた初の化粧情報誌『VoCE』が世に出たのは一九九八年である。「キレイになるって、面白い！」――日本女性の化粧魂に火が付き、コスメフリークはどんどん増殖していく。キレイを手に入れたあとは、いかにそれを保ち続けるかだ。元「オリーブ少女」たちも三〇代が目前に迫っていた。アンチエイジングに手を染める時期がそろそろ近づいてきたのだ。そこに『Sweet』による「28歳、一生〝女の子〟宣言！」がもたらされる。

「大人だけど、かわいい」を合言葉に、年齢不詳の美を手に入れた女性たちが次に向かったのは、出産だった。エッセイストの酒井順子が「負け犬」で流行語大賞トップテンに入ったのは、二〇〇四年のことである。「三〇代以上、未婚、子なし」を意味する「負け犬」になりたくないという思いが、三〇代女性たちを出産に駆り立てることになる。ファッション誌の世界においても、二〇〇〇年代半ば以降は、出産が主要なテーマの一つとなって現在に至っている。先鞭を付けたのは、「知的」なキャリア女性のためのファッション誌『CREA』（文藝春秋）である。『CREA』では、負け犬ブームの翌年二〇〇五年から毎年「母になる！」という特集を組むようになった。二〇代は仕事を中心に据え、結婚や出産を後回しにしてきたポスト均等法世代の女性たちが、三〇代を迎えて、出産のタイムリミットを真剣に考えるようになったのだ。出生率が過去最低を更新する中で行われるようになったキャリア女性のための出産特集。「仕事をしながら母になる」をモットーに、キャリアがあっても母になることを奨励するファッション誌に後押しされるように、女性たちは出産という人生のイベントに果敢に立ち向かうようになる。

「欲張り女が美しい」——これが、二〇〇〇年代『CREA』のキャッチフレーズであった。キャリアはもちろん、結婚も、出産も、そして美貌も。キャリアか結婚か、あるいはキャリアか出産かはたまた子供か美貌か。常にどちらか一方を選択するのではなく、欲しいものはすべて手に入れよ、あきらめるなと鼓舞したのである。

それはもちろん、その道の先駆者である作家の林真理子らの姿に重なる。一九五四年生まれの林は、二〇代で仕事を、三〇代で結婚を、四〇代で子供をそして五〇代で美貌を手に入れてきた。「野心」を糧にあらゆる努力をして、さまざまな手段を使い、すべてを手に入れた偉大な「先輩」を見習えと、ファッション誌は説いたのである。林真理子だけでなく、黒木瞳や松嶋菜々子といったすべてを手に入れて輝いているように見える著名人を称揚し、彼女たちのようになりなさい、努力すればなれると囁いたのだ。

その声にしたがって走り続けてきたのが、ファッション誌の忠実な申し子である元「オリーブ少女」世代であり、現「四〇代女子」なのだ。八〇年代、九〇年代、ゼロ年代をファッション誌とともに駆け抜け、アラフォーと呼ばれる年齢になった彼女たちこそ、「欲張り女」を目指して突っ走ってきた世代である。その結果、どうなったのか。すべてを手に入れられたのか。あるいは、すべてを手に入れたあとはどうなるのか。近年創刊された『GLOW』や『DRESS』といった雑誌が、その「答え」につながっているのではないかと思われる。

「大人女子」と雑誌の未来

不惑を迎えるまでが、がむしゃらにあるいは果敢にすべてを手に入れるために突き進む時期ならば、四〇代前半は、手に入れたものをもう一度吟味し、自分にとって必要なものを取捨選択する時期ではないだろうか。何を選択し、何を捨て去るのか。その指南が必要になってくる。今までのファッション誌は、すべてを手に入れることに重きを置き、女性たちをただひたすら欲望に駆り立ててきた。三〇代まではそれでもよかった。キャリアも結婚も出産も美貌もと無我夢中に突っ走ることもできた。

気分的にはどこまでも前半戦の勢いで突っ走る「四〇代女子」とはいえ、やはり肉体的な限界はある。出産を筆頭に、いつまでもひたすら挑戦し続けるのは無理があるだろう。そういったことも踏まえて、何かを手に入れたところから、実は何かを手放すことがはじまるということを、ファッション誌はもっと示すべきなのではないだろうか。近年、ようやく四〇代向けファッション誌が出揃い、「手放し方」を示唆するようになってきたのではないかと思われる。

例えば、「大人女子」の先陣を切った『GLOW』では、仕事も、結婚も、出産も、美貌もすべてにおいて「がんばりすぎない」というスタンスが確立されているように見受けられる。際立ったキャリアを持つわけでもないし、ママでもないし、「美魔女」でもないけれど、でも「恋しても、働いても、ミニスカはいてもいいじゃない」という「四〇代女子」。それは、創刊号から表紙を飾り続けている小泉今日子の姿にも重なる。YOUほど抜群のスタイルでもないし、松田聖子のように年齢不詳の「美魔女」ではないけれど、好きな服を着て自由に生きている脱力系「四〇代女子」。この適度に肩の力の抜けた脱力感が、すべてを手に入れたけれど、息切れしてしまった「女子」、あるいはすべてを手に入れられそうにない「女子」に受け入れられているのではないだろうか。母でも、バツイチでも、シングルでも一人の「女子」としてそのすべてを許容する『GLOW』の世界。それは、妻という肩書を持った既婚女性しか基本的に受け入れない『VERY』や『STORY』の世界の対極にあるものであり、二〇代後半で一度は違う世界に分断された女性たちを再び、「女子」として一つに包み込む機能を果たしているのである。

二〇〇〇年の時点では四〇歳女性の未婚率は約一〇%であったが、『GLOW』が創刊された一〇年後の二〇一〇年には、二〇%近くに達している。[19]今や、五人に一人が未婚なのだ。だからこそ、『DRESS』は敢えて、未婚四〇代を掲げることで、結婚という選択を手放した（手放そうとしている）女性を応援したのである。ただし、出産に関しては『DRESS』はまだ手放そうとはしていない。「卵子老化に振り回されすぎ！　アラフォー妊娠は、傷つかず、焦らず」（二〇一四年三月号）というように、未婚でも出産したい、母になりたいという「女子」を応援し続けている。近い将来、未婚女子による『DRESS』な出産が特集されるかもしれない。

「人口統計資料集」によれば、二〇一〇年においては、五〇歳の時点でも一〇%の女性が未婚のままである。現在の四〇代「大人女子」が、五〇代を迎える頃、その数字はさらに高くなっているに違いない。もちろん未婚だけでなく、一度手に入れた結婚を手放す次のような生き方も増加するであろう。

東京都に住む北本恵美（仮名、44）は自らが描く主婦像とのギャップと家族への愛情に揺れ、同じ男性と2回結婚した。が、大学で学びなおし、英語教師としての仕事の楽しさに目覚めたとき、再び離婚を決意した。

シングルマザーとなった北本は、英語を教えながらボランティアにも精を出し、オーケストラで子供とヴァイオリンを弾く。個人が輝けるかどうかは結婚とは無関係と今は思う。（日本経済新聞二〇一四年二月二一日朝刊「Wの未来」より抜粋）

ここに登場する女性や、女医タレント「西川先生」に代表される『DRESS』な離婚も含めて、結婚を選ばない生き方も、今後ますます増えていくに違いない。

一〇代や二〇代といった若い世代のファッション誌離れが進んでいる昨今、ファッション誌の最大の顧客はずっと雑誌で育ってきた四〇代であろう。ゆえに雑誌不況と言われながらも、この世代に向けたファッション誌が次々と登場するのである。未婚、バツイチ、シングルマザーといった四〇代女性の多様な生き方を認め、どんな立場を選択するにせよ、輝いていたいと願う「大人女子」

という生き方を応援すること。もう四〇歳ではなく、まだ四〇歳。これからも、ファッション誌の現役「大人女子」として、四〇代以降の人生も謳歌できるような雑誌が今後もますます求められるに違いない。

すでに存在する四〇代、五〇代に向けたファッション誌は、『GLOW』を筆頭に、『éclat』（集英社、フランス語で輝きの意。）や『GOLD』（世界文化社）とキラキラ輝くネーミングのものが多い。年齢を重ねても、いつまでも輝きたい、主役でいたいというファッション誌の「大人女子」たちの想いが「キラキラネーム」の雑誌タイトルに込められているのではないだろうか。

ただし、その「輝き」方は少しずつ変化してきている。何もかもすべてを手に入れて輝きたいから、自分に必要なものを取捨選択し、自由に生きることで輝きたいへ。やはり最後は、好きに生きるというところに落ち着くのである。妻としてでもなく、母としてでもなく。いつまでも女性たちが、「女子」として好きな格好で好きに生きられるように後押しすること。「大人女子」という生き方を全うできるように応援すること。そこにしか、ファッション誌の未来はないと思われるのである。

注

（1）エッセイストの酒井順子は『負け犬の遠吠え』（酒井 2003）において、どんなに仕事ができても美人でも「未婚、子なし、三〇歳以上」の女性は「負け犬」であると自嘲気味に定義づけ「負け犬ブーム」を巻き起こした。それは、「新専業主婦」よりも「負け犬」が増加の一途を辿るようになる未婚化・非婚化時代の幕開けを象徴する出来事だった。
(2)『Domani』は三〇代キャリア女性、『Precious』は四〇代キャリア女性を対象に小学館から発行されている。
(3)「宝島社ニュースレター号外」(二〇一三年一〇月三一日発行)において、日本ABC協会発表の二〇一三年上半期の雑誌販売部数に基づき、『InRed』(販売部数・二八万八八〇三部)は「30代女性誌No.1」であると喧伝している。雑誌の表紙にも「30代女性誌No.1」と謳われている。
(4)二〇一四年三月号より、「40代女子力」が「大人女子力」に変更されている。「ツヤっと輝く、大人女子力」が現在の『GLOW』のキャッチフレーズである。
(5)妊娠活動の略。山田昌弘とともに「婚活」を広めたジャーナリスト・白河桃子による造語。妊娠や出産に向けて知識を深め、積極的に主体性を持って活動することを指す。ファッション誌における妊娠、出産特集もこの流れと合致している。
(6)二〇一二年一月から三月にかけてフジテレビ系列で放送されたドラマ『最後から二番目の恋』。小泉今日子演じる四五歳の独身女性の恋愛模様が話題を呼び、二〇一四年四月からは続編『続・最後から二番目の恋』も放送された。最後の恋ではなく、「二番目」というところに「四〇代女子」の「まだまだ上り調子」という姿勢が感じられる。
(7)明治時代に作られ、『VERY』にまで連綿と受け継がれる良妻賢母規範に関しては、『良妻賢母という規範』(小山 1991)を参照されたい。
(8)『クロワッサン』は四〇代、『クロワッサンプレミアム』は五〇代をターゲットとしていた。桐島かれんは、『クロワッサンプレミアム』の表紙も飾り、誌面にもよく登場していた。『クロワッサンプレミアム』は二〇一三年一一月より、誌名を『アンドプレミアム』に変更し、「年齢に規定されない大人の女性誌」を目指すこととなった。

(9)世界初の環境ファッション・マガジンとして創刊された『ソトコト』(木楽舎)によって、二〇〇五年頃から本格的にロハスという言葉とそのライフスタイルが知られるようになった。環境と健康に配慮したオーガニックな食品、衣料品、化粧品などが流行し、『VERY』にまで「ミセス・オーガニック」というキャラクターが登場するに至った。

(10)『Sweet』の大人版として、「37歳、輝く季節が始まる!」をキャッチフレーズに創刊。年齢層が重なるため、『GLOW』の「大人女子」よりも、いっそうガーリーな「40代女子」をターゲットとしている。

(11)二〇一四年五月号でめでたく創刊一周年を迎えた『DRESS』であるが、表紙モデルは米倉涼子で変わらないものの、そのファッションはドレスではなく、スウェットにスカートという「リアルコーディネート」に変化している。ようやく地に足が付いてきたということか。

(12)年齢よりも若く、美しい容姿を保っている三〇代後半から四〇代の女性を取り上げ「美魔女」として流行させた経緯については、第三章を参照されたい。

(13)運命の人と出会い、恋に落ち、結婚して、子供を産み育て、死ぬまで連れ添うというロマンティックラブ・イデオロギーは、「幸せな結婚」という形をとって赤文字雑誌を中心に深く根付いている。

(14)国立社会保障・人口問題研究所「日本の将来推計人口」「人口統計資料集」より抜粋。

(15)一八九二年に発表した評論「厭世詩家と女性」において北村透谷は、「恋愛は人世の秘鑰《ひやく》なり」と恋愛を称揚し、近代的自我に基づく恋愛至上主義を表明した。また、その結果としての恋愛結婚をも理想化した。

(16)中森明夫が一九八八年に発表した小説『オシャレ泥棒』では、二人の「オリーブ少女」がアッキ・

オオニシ、ビバユーといった「少女服」を求めて東京中のブティックを荒らし回るというストーリーが展開される。

(17)八〇年代半ばのアツキ・オオニシは、不思議の国のアリス、メアリーポピンズ、赤ずきんなど童話の世界をプリントしたスカートやブラウス、編み込んだニットなどを発表していた。また、同時期のビバユーはカラフルな色遣いがバービー人形を彷彿とさせるニットや、バルーンスカートなどを提案していた。

(18)その経緯については、八〇年代後半に当時大学生だった酒井順子が『Olive』誌上で連載していた「マーガレット酒井先生のオリーブ少女の面接時間」に描かれている。

(19)国立社会保障・人口問題研究所の「人口統計資料集」(www.jpss.go.jp)による。

第三章　『VERY』な主婦は「幸せ」か

「新専業主婦」の二〇年

1　二人の「カリスマ主婦」――チコさんとタキマキ

この章では、今まで論じてきた良妻賢母規範を脱却する「女子」像とは異なり、積極的に専業主婦志向の生き方を称揚する光文社の雑誌を取り上げて分析してみよう。

既に何度も登場しているが、一九九五年に光文社から創刊された『VERY』という三〇代主婦向けファッション誌がある。この雑誌の読者層は創刊時から非常に明確に設定されていた。三〇代主婦と言ってもただの三〇代主婦ではない。学生時代に同社の『JJ』を読んでいた三〇代専業主婦。つまり、『JJ』を読み、「幸せな結婚」をつかんだ、「幸せな専業主婦」のための雑誌として生みだされたのである。そんな『ＪＪ』卒業生の三〇代専業主婦である読者を代表するのが、創刊時から表紙モデルを務めあげ、初代『VERY』の顔となった黒田（旧姓・樫本）知永子さん（愛称・チコさん）である。[1] 一九六一年生まれのチコさんは、成城学園短期大学部在学中から『ＪＪ』の人気モデルであったが、結婚を機にモデルを引退し、『VERY』で復帰する三〇代の半ばまでは専業主婦として、一児の母として忙しい日々を送っていた。しかし、かつての美貌が健在であったため、『ＪＪ』卒業生に向けた新雑誌『VERY』の創刊に合わせて、再び表紙モデルに抜擢されたのである。しかも『ＪＪ』モデル時代の旧姓・樫本知永子ではなく結婚後の名字である黒田知永子として、再デビューすることになった。あくまでも読者代表の三〇代主婦モデル・黒田知永子の誕生である。

　このように『VERY』は、創刊にあたって、『ＪＪ』出身で現在は山の手・高級住宅地に住む裕福でお洒落な専業主婦というように読者像を明確に絞り込み、「シロガネーゼ」（東京・白金に住む専業主婦）や「アシヤレーヌ」（神戸・芦屋に住む専業主婦）といったスタイルをヒットさせた。それは、女子大生を「ハマトラ」（横浜トラッド　フェリス女学院大学が代表的）や「ニュートラ」（神戸を中心としたニュートラッド　甲南女子大学が代表的）によってブランド化したのと同じ手法であった。結婚して三〇代になった元「ＪＪガール」[2]は、若くて美しい「コマダム」[3]になったのである。「コマダム」とは、「新専業主婦」の別名であった。「新専業主婦」とは、小倉千加子によれば「夫は仕事と家事。妻は家事と趣味（的仕事）」（小倉 2003）という新たな性別役割分業を指す。『VERY』が創刊された九〇年代半ばにはすでに専業主婦よりも共働きの主婦がその数を上回っていたが、「ＪＪガール」が目指すのは、あくまでも「新専業主婦」としての「幸せな結婚」である。『ＪＪ』を教科書として「幸せな結婚」＝上昇婚を見事に手に入れた勝者が『VERY』な妻なのだ。[4]
「結婚によって階層上昇できなかった女性に対し、『VERY』な妻はマリー・アントワネットのように言うだろう。子育て中は子育てに専念し、おまけに社交も怠らないでいられるような結婚をなぜしなかったの、それ以外に女にどんな結婚があるの、と。」（小倉 2003：62）
　だから彼女たちの目標は社交と趣味的仕事が同時に叶う、「サロネーゼ」になることだ。趣味のフラワーアレンジメントや料理やカラーコーディネートの先生になって自分の教室、いやサロンの女主人になること。これが究極の趣味的仕事による自己実現なのだ。当然のことながら、採算などは度外視である。「働いて家計費を稼がなければならない二等主婦の上に、働かなくても青山でお洋服を買って消費できる一等主婦がいる。さらにその上に、働くことにお金を消費することが許される特等専業主婦がいるのである。消費としての労働の登場だ。」（小倉 2003：97）というわけだ。もちろん、『VERY』では一九九六年八月号より「趣味から始める『私の仕事』」という連載を開始している。
　成功した「サロネーゼ」を人びとは、「カリスマ主婦」と呼んだ。前述のチコさんはサロンこそ持たないが、「カリスマ主婦」の一人であった。専業主婦でありながら、モデルという憧れの職業に就いている。創刊当時のチコさんはまさにその通りだった。家事と育児の合間に行う『VERY』の表紙撮影。登場ページも少なく、あくまでも主婦が本業という「働き」方であった。だが、「妻[5]

として、母として、「カリスマ主婦」として」輝くチコさんを世間が見逃すはずがない。しだいに『VERY』を背負う看板モデルとなり、気が付けばチコさんは『VERY』の枠を超える人気モデルとして、ワイドショーのコメンテーターや「笑っていいとも！」にレギュラー出演する人気者に成長していた。

しかし何と言ってもチコさんがここまで成功したのは、専業主婦だったからである。「園ママ」[6]であり、二世帯住宅に住んでいたからなのである。主婦として趣味的にモデル活動を再開したからこそ、『VERY』読者たちの圧倒的な支持を得たのだ。「あ、私と一緒！」「私もなれるかも！」読者たちにそのように思わせることができたからこそ、チコさんは「私たち」の代表として『VERY』の表紙を飾り続けたのだ。『VERY』での約七年にわたる活動を終え、そのお姉さん版の『STORY』に移ってからも、黒田さんは四〇代「カリスマ主婦」として、走り続けた。一〇代から二〇代前半にかけての『JJ』モデル時代。そして三五歳で復帰してからの「カリスマ主婦」モデル時代。黒田さんのモデル人生は光文社なくしては語れない。光文社のファッション誌の歩みそのものだ。そして、四〇代はもちろんこれから先もずっとチコさんのモデル人生は光文社とともにあるだろうと読者の誰もが信じていた。あのことが明るみになるまでは。そう、黒田さんは密かに主婦ではなくなっていたのだ。彼女は、離婚していたのである。

「カリスマ主婦」としての人気が高まり、活動範囲を広げるにしたがって、チコさんの働き方は当然、主婦としての片手間ではなくなっていった。趣味的仕事ではなく、本格的な仕事へ。「コマダム」ではなくキャリア女性へとチコさんは華麗なる変身を遂げていたのである。巻き髪のロングヘアにスーツやスカートといったコンサバティブなスタイルから、ショートヘアにカジュアルなパンツスタイルへとそのファッションも変化していた。本格的なキャリアを得て、忙しくなったためか、私生活でも二世帯住宅を抜け出し、新たな道を選ぶこととなったのだ。

もう、「カリスマ主婦」ではいられない。離婚後の二〇〇八年には、ついに『STORY』を卒業し、結果的に長年モデル活動を続けてきた光文社の雑誌からも卒業させられてしまう。もう、「私たち」のチコさんではないからだ。『JJ』『VERY』『STORY』を読み続けている「幸せな専業主婦」の代表ではないからである。本格的なキャリアを得て、自立してしまったチコさんはもう、別世界の住人なのだ。

現在は、集英社の『éclat』という雑誌で表紙も含めたモデルとして活動するチコさんは、五〇代になってもますます輝いている。『éclat』はアラフィフ（五〇歳前後）の女性をターゲットとしたファッション誌であるが、この雑誌で新生・チコさんは『VERY』『STORY』時代にはできなかったシンプルでモードなファッションを見事に着こなしている。ドルチェ&ガッバーナのセクシーなスーツやプラダのアートなワンピース。創刊六周年を迎えた『éclat』二〇一三年一〇月号の特集は「四五歳からはお洒落も生き方も自分らしく」である。

チコさんの年代の女性たちは、四五歳まで自分らしいお洒落や生き方ができなかったのだろうか。確かにそうかもしれない。『STORY』を卒業する四七歳まで、チコさんは「幸せな専業主婦」としてのお洒落や生き方を代表させられてきた。「コマダム」「カリスマ主婦」時代のチコさんは、決して、「お洒落も生き方も自分らしく」ではなかっただろう。

二世帯住宅に住み、家族の迷惑にならない程度に仕事をする「カリスマ主婦」から、離婚して、誰に気兼ねすることなく本格的に仕事をするキャリア女性へ。自由と収入を手に入れたチコさん。どちらが「自分らしい」かは明白だ。ようやく『éclat』（フランス語で輝きの意）を手に入れたのだから。

しかし、そういうことには触れず、結婚こそ「幸せ」だと言いきるのが『VERY』の世界である。チコさんの卒業後も、『VERY』の表紙は常に「幸せ」な『VERY』妻たちが飾り続けてきた。三浦りさ子（三浦カズ夫人）に堂珍敦子（ケミストリー堂珍嘉邦夫人）。井川遙こそ本名非公開のまま芸名を変えていないが、黒田知永子を踏襲して三浦（旧姓・設楽）りさ子も堂珍（旧姓・森田）敦子も、表紙を飾る人気モデルたちはあっさりと昔の名前を捨てている。それは、結婚によって階層上昇した証であるからだ。自慢できる夫を持ったことの勲章であるからだ。夫婦別姓などと声高に叫ぶのは、結婚による階層上昇ができなかった女の戯言にすぎない。『VERY』な妻は、きっとそう言うに違いない。旧姓を簡単に捨てられるかどうか、それが『VERY』な妻になれる一番の資格である。

創刊から約二〇年。「幸せな結婚」の教科書として『VERY』は読まれ続けている。表紙モデルは変わっても、「幸せ」な妻像をファッションのかたちで具体的に提案し続けている。創刊号の

「私たちの着る服がない」状態から、「シロガネーゼ」や「アシヤレーヌ」（一九九八年二月号）といったコンサバスタイルを経て、「山手は『主婦だけどお嬢さん』スタイル」（二〇〇〇年一一月号）、そして「いくつになっても可愛いファッション」（二〇〇二年一〇月号）が大切だというところに辿りつく。なぜなら、『VERY』な妻は、いくつになってもみんなに愛され、好感を持たれなければならないのだ。だから、『VERY』な妻は、『幸せなファミリー』に似合う〝私〟の服」（二〇〇五年三月号）をいつも探し続けなければならないし、常に念頭にあるのは、「もういちど考えたい『幸せそうに見える』ファッション」（二〇〇六年一月号）のことなのである。もちろん、ここで「幸せ」かどうかを決めるのは、自分ではなく他者である。いや、そもそも『VERY』な世界では、「幸せ」よりも「幸せそうに見える」ファッションが重要なのであり、いかに「幸せそうに見せ」るかが『VERY』な妻の勝負の分かれ目なのだ。

だから、たとえ子育てに追われていても、セックスレスの悩みを抱えていても、もっと根源的な「二度目の自分探し」（二〇〇一年九月号からの連載タイトル）の真っただ中であったとしても、どんなときも、どんな状況であっても、私が『VERY』妻らしくあるためには、「母スタイルは、永遠に不滅です」（二〇一一年三月号）を胸に「奥サバ」「ママサバ」でコンサバティブに装うのだ。

とにかく、「幸せな結婚」をしたのだから「幸せそうに見える」ファッションに身を包み、「結婚してから素敵」（二〇〇八年一二月）と言われなければ意味がない。結婚生活の不満も悩みもすべてを包み隠す「幸せ」ファッション、それが『VERY』のコンサバティブ・スタイルであり、別名

「主婦ベーシック」（二〇一二年九月号）である。

もちろん「主婦ベーシック」の作り方も時代とともに変化している。チコさんの時代から一〇年以上の時が経ち、そのファッションも読者を代表するモデルも移り変わった。創刊からの看板モデルだった「カリスマ主婦」チコさんを引き継いだのが、二一世紀の「カリスマ主婦」滝沢眞規子さん（愛称・タキマキ）である。二〇〇九年一〇月号に初登場以来、読者モデルとして人気になり、『VERY』専属モデルに出世したタキマキこそ、現在の『VERY』な妻を象徴する人物だ。二〇一一年二月号では、「読者モデルから一躍VERY専属モデルとなって人気爆発！　滝沢眞規子さんをもっと知りたい！」という特集が組まれるに至った。一九七八年生まれのタキマキは下町で育ち、高校時代は「ちょっとコギャル」ですらあった。「109へ友達と一緒によく買い物に行っていた」と言う。しかし、「幸せな結婚」をし、母となるにしたがって、ファッションも生き方もコンサバティブに転向。三〇代を迎えるころには、クリスチャンルブタンの靴やエルメスのバッグに彩られた「奥サバ」スタイルがしっくりと馴染むようになっていた。そんなタキマキが、家族で道を歩いていたある日、『VERY』のスタッフに突然声をかけられたのだ。

当時の私は3人目の子を出産したばかりで毎日が忙しく、正直それどころではない状況で、電話をいただいてもお断りすることが続いていました。そんな時「人生で無駄なことってないんだよ。なんにでも意味があるはずだから」と、主人が背中を押してくれたのでした。経験のない私が、専属モデルになれるなんて夢にも思いませんでしたが、こんな貴重な機会を頂いて、少しでもキレイになれるよう、日々努力中です。でも、私が一番好きなのはやっぱり母であり、妻である時間。主婦の毎日は地道で体力がいるけれど、その中で感じられるふとした幸せが大好きです。家族の健康と笑顔を支えているのは私なんだ！　って思うと俄然やる気が出てきます（笑）。（二〇一一年二月号「読者の皆様へ」より抜粋）

三児の母であり、主婦業をこなしながら、『VERY』専属モデルになったシンデレラ主婦・タキマキ。それは、チコさんとも違う「カリスマ主婦」モデルのあり方だ。チコさんはしばらく引退していたとはいえ、もともとプロのJJモデルであった。しかし、タキマキはあくまでも読者代表の読者モデル出身だ。したがって、従来の規範によるモデル体型や美人顔からは外れている。むしろ、黒田さんよりも親しみやすい外見の持ち主であると言える。そんなタキマキが現在の『VERY』を代表するモデルになれたのは、やはり時代の後押しのせいであろう。現在は、プロのモデルよりも読者モデルやブロガーが影響力を持つ時代(7)だからこそ、より読者に近い、ほぼ等身大と言っていいタキマキに白羽の矢が立ったのだ。

そんな限りなく読者に近いルックスを持ったモデル・タキマキだが、そのライフスタイルは等身大とは言い難い。「滝沢さん密着24時間　ある一日を追いました」（二〇一一年二月号）では、三児の母として家事育児に追われる彼女の日常が紹介されているが、都内一戸建ての広々としたリビングでシャネルブティックに飾ってあるような真っ白いカラーを生ける姿には読者からの羨望のまなざしが向けられるだろう。しかも、その二四時間には、クリスチャンルブタンやジミーチュウの靴、エルメスのバーキン、ダイソンの掃除機に恵比寿三越で買う食材といった「幸せ」の記号がそこかしこにちりばめられている。等身大のタキマキが繰り広げる華麗なる「カリスマ主婦」生活。まさに、彼女は「日本一幸せなVERY妻」に相応しい専属モデルであろう。

そんなタキマキの「主婦ベーシック」なファッションをもう少しクローズアップしてみよう。自宅玄関には天井まで届く高さのシューズクローゼットがあり、五〇足以上のハイブランドの靴が、常時スタンバイしている。何年も愛用しているのは、「ルブタンのアンクルストラップ」や「ジミーチュウのベージュパンプス」や「タニノクリスチーのロングブーツ」である。特にお気に入りなのはルブタンの靴であり、学校行事に活躍する太めヒールの「学校ルブタン」まである。クリスチャンルブタンと言えば、赤いソールが有名な高級靴の代名詞である。マノロブラニクと並んで現代女性の憧れの靴と言っていいだろう。そんなルブタンの靴を数え切れないほど所有しているタキマキ。これが「幸せ」でなくて何であろうか。

お気に入りの靴を中心としたタキマキの私物によるコーディネートも見逃せない。「お母さんらしさを大切にしました」という「11月の七五三でのスタイル」はエストネーションのスーツに同じくエストネーションのストールを纏い、バッグはもちろんエルメスのケリー、そしてパンプスはクリスチャンルブタンと完璧だ。「早朝から撮影の日で、仕事モード」な場面では、「レザーボトムスで脱・お母さんな時」を満喫する。そんな日のコーディネートはドゥロワーのコートとレザーパンツにインナーはZARA。ドルチェ＆ガッバーナのバッグにクリスチャンルブタンのショートブーツでモード感を取り入れる。「幼稚園へ送った後、恵比寿三越へ」行く時は「ちょっとガーリーなスカートスタイル」が相応しい。いつもよりカジュアルに、ユナイテッドアローズのダッフルコートをチョイス。インナーとスカートはファスト・ブランドのZARAを合わせるが、バッグはジミーチュウ、ブーティはフェンディと高級感は忘れない。

このように、母として、主婦として、そして趣味的仕事をする妻としての「幸せ」なファッションを日々身に付けるタキマキ。ファッション・テイストは、比較的シンプルで色も黒やベージュ系が多い。『VERY』では「ハンサム・カジュアル」と呼ばれるスタイルである。靴とバッグはすべてハイブランドであるが、服に関してはファストファッションからセレクトショップまで、手頃なものから高級なものまで幅広く選択されている。

ファッションの世界では、一九九〇年代半ばのスーパーモデルブーム以降、リアルクローズが世を席巻し、シンプルなファストファッション(8)に高級ブランドの靴とバッグを合わせることが「正解」と思われるようになったが、タキマキの「ハンサム」な「主婦ベーシック」と呼ばれるコーディネートも、その流れを汲んでいる。完璧な肢体を持ったスーパーモデルの登場により、何を着るかよりも誰が着るか。着る物で個性を表現するよりも、着る者がいかに自分の身体を含めて自己プロデュースするかが問われるようになった。服は所詮、消耗品だから、流行を意識した手頃なファストファッションでもかまわない。むしろ、季節ごとに旬を楽しんで取り替えた方がいい。ただし、靴とバッグだけは長く使える高級品を。この傾向は二一世紀に入って赤文字雑誌、青文字雑誌を問わず浸透していった。

だが、『VERY』創刊時のチコさんの時代はまだそうではなかった。初期の『VERY』が提案した山の手主婦ファッションは、八〇年代『JJ』のお嬢様ファッションと同じく、流行からは一線を画した独自のスタイルであった。パステルカラーのワンピースやリボンのついたスーツなどきちんとしたアイテムが中心であり、上品な若奥様をイメージしていた。例えば、その時代の靴を代表するのが、フェラガモのヴァラというパンプスである。フェラガモのヴァラは、元女優で現在は「美のカリスマ」の君島十和子が愛用していたこともあって、九〇年代の前半にコンサバ靴の代名詞となった。大きなリボンが付いたローヒールの靴は、赤文字系の女性の必須アイテムであった。そんなヴァラに合わせるバッグは、やはりエルメスのケリーバッグが相応しい。モナコ公妃となったグレース・ケリーに因んで名づけられたこの高級ハンドバッグは、コンサバティブな女性の垂涎の的であった。

一九九五年の『VERY』創刊号では、チコさんが高級ブランドショップを訪ねる連載がスタートしているが、その記念すべき第一回にはやはりエルメスを訪問している。しかもその時の黒田さんの装いは、皇室御用達ミスアシダのワンピースにケリーバッグと完璧だ。女優からモナコ公妃となったグレース・ケリーこそ、究極の「幸せな結婚」を果たした成功者であり、『VERY』な妻が最もお手本にすべき人物である。だから、彼女が愛用していたケリーバッグを持てば、この上なく「幸せそうに見える」に違いない。

結婚して「幸せな結婚」の象徴であるケリーバッグを持つ。それで、妊娠したお腹を隠そうものなら、「新専業主婦」としての夢は、ほぼ叶ったと言えるだろうか。

もちろん、「幸せ」な主婦であるタキマキもケリーバッグを所有している。七五三や入学式といったフォーマルな行事に欠かせないのがケリーバッグだ。だが、それよりも彼女が日常に愛用しているのは、同じエルメスのバーキンである。自由奔放に生きるフランスの女優ジェーン・バーキンの名に由来するこのバッグは、ケリーバッグのようにきちんと蓋をして金具を留めて使うのではなく、蓋をはずしたままトートバッグのように無造作に使用するのが「正しい」とされている。ケリーバッグは、もともと馬具商であったエルメスがサドルバッグを婦人用に改良して、一九三五年に「サック・ア・クロア」という名前で発売したものである。グレース・ケリーが愛用していたことから、一九五六年にケリーバッグに改名されたという非常に伝統あるバッグなのだ。一方のバーキンもまた、ジェーン・バーキンの要望により一九八四年に「オータクロア」をアレンジして作られたものだが、ケリーに比べると歴史が浅い。一九九〇年代初頭にスーパーモデルたちが日常的に愛用していたことから、一般にも知られることとなった。ケリーバッグも現在では百万円近くするが、バーキンはもっと高価格であり、軽く百万円を超えるため、究極の高級バッグとして君臨している。

そんなバーキンをタキマキは日常使いしているわけだ。いや、タキマキだけではない。『VERY』

に登場するモデルや読者モデルの多くが、ケリーバッグだけでなく、バーキンを日常に使用している。なぜ、ケリーではなくバーキンなのか。もちろん、最高級バッグへの純粋な憧れもあるだろう。ブランドバッグの「上がり」はバーキンなのである。それから、ファッションがコンサバティブな「主婦だけどお嬢さん」スタイルから、ハンサムな「主婦ベーシック」へ移行したことも影響しているだろう。エレガントなスーツやワンピースにはケリーバッグが似合うが、シンプルなカジュアルにはバーキンの方が相応しい。それは、靴がフェラガモからクリスチャンルブタンやジミーチュウに移り変わったことも連動している。でもなぜ、そのように移り変わったのだろうか。スーパーモデルがお手本になったからか？　もちろんそれもある。だが、すべてをスーパーモデルの影響で片づけてしまうわけにはいかない。次はケリーからバーキンへの変化をじっくりと検証してみることにしよう。

2 「コマダム」から「ワーママ」へ――「家族が一番、仕事が二番」

チコさんのケリーバッグからタキマキのバーキンへ。フェラガモのパンプスからルブタンのハイヒールへ。上品コンサバからハンサム・カジュアルへ。二〇一〇年の間に、『VERY』な妻のファッションは確実に変化したのである。

なぜそのように変わったのだろうか。スーパーモデルの影響以外の理由としては、次の二つが考えられるだろう。一つは、第一章でも述べたように、女性たちが立場によって全く異なるファッションをしなくなったことだ。チコさんの時代は、三〇代専業主婦のファッションというものをはっきりと描くことができた。だから、『VERY』は「わたしたちの着る服がない」状態から、「シロガネーゼ」「アシヤレーヌ」「隠れラブリタン」「主婦だけどお嬢さん」スタイルなど、「幸せそうに見える」ファッションを次々と提案することができたのだ。

だが、ファッション誌の「女子」が誕生して以降、確実に『VERY』な妻の世界にも、その余波が押し寄せている。チコさんに比べると、タキマキの装いは一目でわかる主婦らしいファッションではない。もちろん、『VERY』ならではの「幸せに見える服」でなければならないという制約はあるが、流行からかけ離れたコンサバティブなスタイルではなくなっているのだ。青文字雑誌に端を発するファッション誌の「女子」は、確実に赤文字雑誌にも影響を与えているのである。

もう一つの大きな理由は、『VERY』な妻たちのライフスタイルの変化にある。創刊から一〇年以内のチコさんの時代は、完全なる「新専業主婦」しか、『VERY』には登場しなかった。仕事をするとしても「趣味から始める私の仕事」の域を出ないものであり、「サロネーゼ」という言葉に象徴されるように、消費としての労働が、『VERY』な妻の「お仕事」だった。あくまでも「主婦になって始めた、私たちの〝課外活動〟ちょこっとジョブ」（二〇〇〇年六月）の域を出なかったのである。

しかし、二〇〇〇年代半ばになり、起業した主婦やママを指す、「ミセスCEO」「ママCEO」

（二〇〇六年五月号）という言葉が登場する頃から、事態は変化し始める。もちろん、二〇〇八年の時点でもまだ従来の「新専業主婦」の流れを汲む、「エレカ様」（六本木ヒルズに住みエレガントにベビーカーを押す元秘書という設定のキャラクター）や「ピー子」（PTA行事に積極的な小学校ママのキャラクター）は登場しているが、二〇〇九年にはとうとう「『家族が一番、仕事が二番』の私たち」（二〇〇九年三月号）という特集が組まれるに至るのだ。ついに、『VERY』な妻も二番目とはいえ、本格的に仕事を始めるようになったのである。チコさんの時代には考えられなかったことだ。ただし、「働いているからわかったこと。『主婦ほど素敵な職業はない』」と改めて主婦を礼賛することを忘れないのが『VERY』である。

それにしたがって、見だしにも「カッコいい」や「ハンサム」がキーワードとして浮上してくる。「カッコいい〝お母さん〟は止まらない！」（二〇〇七年一二月号）、「ハンサムマザーの可愛い服」（二〇一三年六月号）という具合である。それだけではない。良妻賢母イメージに反するため、以前なら手に取らなかった豹柄にまで『VERY』な妻は挑戦するようになる。そういう意味では、「母さん、夏の終わりに豹になる！」（二〇一〇年九月号）は、画期的な特集であると言えるだろう。

このように、誌面に働くママが増えるにつれて、提案されるファッションも「コマダム」のランチ社交服や公園デビュー服から、働くママのお仕事服へと移行していく。『VERY』で「家庭と仕事の両立を助けてくれる、働くママの支持ブランドランキング発表」（二〇一三年九月号）がされる時代が来ようとは！　だから、ファッション・テイストも、当然のようにエレガントで上品なコンサバから、シンプルでハンサムなカジュアルへと移り変わったのだ。愛用ブランドはずっとエルメスであっても、エレガントなケリーバッグからカジュアルで仕事にも向くバーキンへというように。A4書類もすんなりと入るバーキンは仕事にこそ相応しいのである。(9)

本格的なキャリアを持つ『VERY』妻も少数派ではあるが現れ始めた。しかし、大多数はキャリア志向ではなく、「家族が一番、仕事が二番の働き方を譲らないママ」、『VERY』流に言うならば「ワーママ」なのである。二〇一三年九月号では「働くママの素敵な時間」という大特集が組まれ、『VERY』読者一〇六四人に対するアンケート結果が掲載されている。読者アンケートによると、現在約六割（五八三人）が何らかの仕事をしているが、そのうち正社員は五〇・九％で、パート・アルバイトが二五・三％、派遣社員が五％という結果になっている。

二〇年の間に、『VERY』読者にも完全な専業主婦は少なくなり、むしろ専業主婦で育児に専念している母親に対して「フルタイムマザー」という言葉も使われるようになった。そして、現在の『VERY』読者を代表するのが「ワーママ」である。「ワーママ」とは単にワーキングマザーを短縮したものではない。『VERY』における「ワーママ」は、むしろキャリア志向のワーキングマザーとは異なり、それほどキャリアアップを望まない。時短勤務や契約社員という雇用形態、場合によってはキャリアダウンも厭わない「柔軟な」働き方をするママを指す。なぜなら、「家族が一番、仕事が二番」をどんな時も忘れないのが「ワーママ」だからである。前述の読者アンケートでは、働くことで子供に対して、後ろめたさや罪悪感を覚える母親が四六・三％にも達している。彼女たちは、「親子の時間が減る」「子供の学校行事に参加できない」「泣かれる」「成長をしっかり見られない」などの理由で、フルタイムで働くことに難色を示している。だから、働くことは「ほどほど」にしなければならないと考えている。家族を「犠牲」にしてまで、働くつもりはないのである。それにもし、「ワーママ」以上の働き方、「仕事が一番、家族が二番」になってしまえば、チコさんのような結末が待っているかもしれない。それは、「幸せ」な『VERY』妻の願うところではないだろう。

だから、彼女たちは自主的に働き過ぎないように規制しているのだ。一〇三万の壁ではなく、母や妻という壁を超えない働き方のバランスを取っているのである。「基盤のある女性は、強く、優しく、美しい」というのが『VERY』のキャッチフレーズである。ここで言う「基盤」とは何か。それはもちろん、家族とともにある「幸せな結婚」生活であろう。せっかく手に入れた「幸せな結婚」を守るため、『VERY』な妻はすすんで「ワーママ」を選択するのだ。子供に「かわいそう」な思いをさせないために。夫の「理解」を得るために。育児や家事に支障の出ない働き方、それが「家族が一番、仕事が二番」である「ワーママ」のお仕事スタイルなのである。(10)

二〇一四年一月二〇日朝刊日本経済新聞（大阪本社版）の記事によれば、「家族」という制約はあっても、子育て世代の働く女性は過去最多である。「総務省の労働力調査によると、三五歳〜四四歳の女性のうち、就業者と求職者が占める割合は二〇一三年一月〜一一月の平均で一二年より一・

六ポイント上昇し、七一・三%となった。子育てのため離職する人が多いこの年齢層で七〇%を超すのは初めて。景気回復で働き口が増えたうえ、保育所の増設などで子どもを持つ女性の働く環境が改善したため」だと分析されているが、『VERY』な妻だけでなく、子供がいても働きたい、仕事をしたいと思う女性が増加しているのは事実なのである。

しかし、上昇婚を手に入れた『VERY』な妻たちがなぜ、仕事にこだわるのだろうか。なぜ、「趣味的仕事」を超えて、「ワーママ」として働くようになったのだろうか。長引く不況のせいだろうか。前述の『VERY』二〇一三年九月号における読者アンケートによれば、『VERY』妻であってもやはり一番の目的としては、「将来の貯蓄」「子供の教育費」「家族のプチ贅沢」など、経済的な理由が約六割を占めているが、個別の記述欄にはその他のさまざまな理由が挙げられている。

「仕事は生きること」「仕事があるからより子供がかわいいと思える」「夫と対等に話ができる」「子供が『大きくなったらママみたいに働きたい』と言ってくれる」「〇〇ちゃんのママではなく、名字で呼ばれて人の役に立てる幸せ」「忙しいけれど毎日の充実が半端ない」「ママ、妻、女性として3つの役割を実感できる」「仕事は私のセーフティネット」「社会と携われ、自分の成長を感じることができる」(二〇一三年九月号)といった「本音」も吐露されている。専業主婦やフルタイムマザーの生活では得られなかった自己充足感や社会との繫がりを手に入れたという声が多い。もちろん、経済的にも自由になるお金を得たということは大きいだろう。

逆に言えば、「幸せな専業主婦」時代には、「夫と対等に話をできず」「〇〇ちゃんのママ」と呼ばれ、「自分の成長を感じ」られない生活を過ごしていたということになる。しかし、「ワーママ」としての一歩を踏み出すことで、お金も、充実感も、自分の名前も得ることができた。これ以上のキャリアアップは望まないにしても、『VERY』な妻にも「野心」が芽生えたのではないだろうか。

二〇一三年、林真理子の『野心のすすめ』(林 2013) がベストセラーになった。仕事、結婚、子供、美貌とすべてを手に入れた彼女が、その「すべて」をどのようにして手に入れたのかが語られる一冊である。以来、すっかり「野心」の大家となった林真理子が、二〇一四年三月号の『VERY』において、「ママだって野心を持っていい!」と読者たちに喝を入れている。

「今、満足しているので考えたことありません。」「野心の意味が分かりません。夢や希望はあるけど。」「野心ってママに必要なものなのでしょうか? 働いている人があるイメージです。」と全く「野心」を持っていないように思える満足妻たちや、「子どもを医者にする!」「娘をハーバード大に入れたい!」というお受験妻、あるいは「豪邸を建てたい!」「バーキンを自分のお金で買いたい!」という物欲妻に対し、真理子先生が、啓蒙しているのだ。

「豪邸を建てる」や「バーキンを買う」という物欲は自分のお金で手に入れようとするなら立派な〝野心〟です。「そろそろバーキン欲しいなあ、一生に一回でいいから持ちたいなあ、でも働くのは嫌だなあ、夫が買ってくれないかな」というのは野心でも何でもありません。それでは一生持てないと思いますね。でも自分で買うために働いてみたり、どうにかして貯金をしようと努力するなら〃野心〃と言えます。手に入れるまでのプロセスにこそ、野心を持つ意味があるんです。（『VERY』二〇一四年三月号）

バーキンと言えば、働く女性も愛用中あるいは、いつかは手に入れたいと考えている憧れのバッグである。キャリア女性のバイブル『Precious』や四〇代独身女子の『DRESS』でも読者の欲しいものランキング上位にいつも君臨している。

そんな垂涎のアイテムを、滝沢さんをはじめとする多くの『VERY』読者は、夫に買ってもらうことですでに手にいれているわけだ。稼ぐ女か、嫁ぐ女か。今まで、女には二種類しかないと思われていた。つまり、バーキンを自分で買う女か、買ってもらう女かである。だが、林真理子は、本来バーキンを買ってもらう女である嫁ぐ女に、自分で買う女になれと言う。それが「野心」だと言う。バーキンを自分で買う？　ほんの少し前まで、『VERY』な妻の仕事はお金を儲けることではなく、使うことを意味していたのではなかったか。

しかし、今や彼女たちは「ワーママ」として、収入を得、自分でバーキンを買うことを目指す。「コマダム」と呼ばれた「新専業主婦」ではなく、「ワーママ」を目指そうとする。タキマキに次いで人気の読者モデルであるクリス-ウェブ佳子さんは、「働いていないことが劣等感になるなら、働いた方がいい」（『VERY』二〇一四年二月号）と読者にアドバイスしている。「私は、〃〇〇ちゃんのママ〃と呼ばれることに違和感があって。働いて充実感を得られたんだよね。」というクリスさんは、「名前のない問題」[11]に悩み、子供が幼稚園に入ったら復帰しようと家でできるライターや単発の通訳の仕事を細々と続けていた。『VERY』専属モデルとなった現在は、「仕事がある自分が幸せ」だと言う。

また、タキマキも、「子育ては幸せだし、大事な仕事だけれど、もしそれでも働いてみたいという気持ちがあるなら、思いきって飛び込んでみてもいいと思う。」とそれに応えている。

もちろん、彼女たちは結婚という「基盤」があるからこそ、自己実現としての仕事を満喫できるわけであるが、二〇年の間に、『VERY』な妻も仕事を持つ方が「幸せ」というように意識が変化しているのである。「新専業主婦」が『女の人生すごろく』（小倉 1994）の「上がり」ということではなくなっているのだ。

だが、このように変わりゆく『VERY』の中にあっても、二〇年間変わらないものがある。それは、例えば「キャラ別謝恩会スタイル見本帳」（二〇一四年二月号）であり、「幼稚園別・謝恩会準備の〝ニット×パンツ〟コーデ見本帳」（二〇一四年三月号）である。『VERY』な妻にとって幼稚園の謝恩会がいかに重要なイベントであるか、幼稚園という場の最後の晴れの舞台である謝恩会でいかに「正しい」装いをするかが延々と特集されている。たとえ月日は経っても、テイストはコンサバからカジュアルへと移り変わっても、連綿と続く横並び意識、「幸せな母」としての制服を求める心は変わらない。好きな服よりも、場に相応しい服、「幸せ」に見える服。ここには、まだ「好きに生きてこそ、一生女子」とは確実に違う「良妻賢母」というファッションが存在している。

二〇一三年一〇月七日号の『AERA』には、「日本一幸せなVERY妻」という記事が掲載された。現在の幸せ度に対し一〇点満点中、九点、八点と高得点を付ける『VERY』妻たち。やはり、彼女たちは「幸せ」なのだろうか。

ＩＴ企業で働いていた港区の女性（34）は、「自分で買ったポルシェの助手席に自分で買ったバーキンを乗せる」のを夢見て「30代課長」を目指していた。しかし、妊娠中に体調が優れず欠勤し、育児休業が終わると同僚が課長になっていたことを契機に「VERY」妻になることを決意する。新たな「業務」として小学校お受験に取り組む彼女は、「VERY」妻の拠りどころである「基盤」そのものにも不安を覚えている。「仕事を失って基盤を得られたけど、この幸せは崩れやすい足場の上に成り立っていて、夫に何かあれば壊れちゃう。『夫のうつ』など不安に駆られる記事は読まないようにしています。」（『AERA』二〇一三年一〇月七日号）

彼女は稼ぐ女から嫁ぐ女に進路変更したゆえに生まれる新たな不安と戦っているわけである。そのように考えると、「ワーママ」の仕事も『VERY』妻にとっては、「セーフティネット」の役割を果たしているとも言える。また、一方で結婚は本当に女の人生の「基盤」なのか、という問題も浮上してくる。

しかし、敢えて、『VERY』は結婚を「基盤」と言い切り、「結婚こそ女の幸せ」であると言い続けるのだ。「幸せそうに見えるファッション」を着て「主婦らしい私が今の誇り」（二〇〇八年五月号）であると信じる。たとえ働いても、「家族が一番、仕事が二番」を肝に銘じ、「主婦ほど素敵な職業はない」（二〇〇九年三月号）と思いこもうとする『VERY』な妻たち。その姿は、創刊から二〇年近くの歳月を経てもなお健在である。

「新専業主婦」に物足りなさを感じながら「ワーママ」となる一方で、「新専業主婦」の既得権も捨てきれない『VERY』な妻たち。彼女たちが抱える矛盾は、そのまま雑誌の記事内容となって現れている。(12) 小島慶子による連載エッセイ「もしかしてVERY失格？」やアラフォー独身論客による「日本一幸せなVERY妻に物申す！」（二〇一四年三月号）という対談の形をとって。「結婚して子供を産んだらいつも幸せそうに見えなきゃいけない」――そんなことは百も承知なのが『VERY』な妻である。そもそも『VERY』な妻に「幸せ」かどうかを問うこと自体が愚問なのである。なぜなら、彼女たちは自覚的に身も心も「幸せ」のコスプレを纏っているのだから。そうでなければ、「幸せな結婚」などありえないと誰よりも知っているのが、賢母ならぬ賢妻、『VERY』妻なのである。

3　「美魔女」の逆襲――「恋愛」という名の美容液

「美魔女」とは何か

数年前から、「美魔女」と呼ばれるアラフォー女性が注目を集めている。きっかけは、二〇〇九年に創刊された光文社の雑誌『美STORY』（現在は『美ST』）である。同社の四〇代「新専業主婦」向け『STORY』の美容版として「私は時を恐れない」をキャッチフレーズに『美ST』は華々しくデビューした。『美ST』には、年齢を重ねても美しくあり続けるためのありとあらゆるアンチエイジング法が紹介されているだけでなく、読者のお手本として、三〇代後半から四〇代前半の美しい女性がたくさん登場する。時には、五〇代やもっと年齢を重ねた六〇代、七〇代の美しき「先輩」たちも誌面を飾る。それも、女優やモデルといった「美」のプロフェッショナルばかりではない。むしろ、一般人なのに驚異的な若さと美しさを誇っている女性たち、いわゆる「美」の読者モデルを『美ST』では、「美魔女」と呼び、創刊時から毎号のように彼女たちを特集し、美容法を公開させたのだ。魔法をかけているかのように美しい女性「美魔女」は「美魔女」を呼び、ついには「国民的美魔女コンテスト」も二〇一〇年から毎年開催されるようになった。仕掛け人は現『DRESS』編集長で当時は『美ST』編集長であったあの山本由樹氏である。アラフォー女性に二〇代のミスコンも顔負けの美を競わせる。「三九歳主婦」「四〇歳ピラティストレーナー」「三七歳ネイリスト」――美しい肌、身体は彼女たちのものだ。二〇代のころよりもいっそう美に磨きをかけ、身体を強調するドレスを纏う「美魔女」たち。「関西美魔女」に「おっぱい美魔女」、果てはとうとう「おばあちゃん美魔女」まで登場し、誌面を見る限りエイジングの時計はまるで逆方向に廻り始めたかのようである。

こんな綺麗な身体を持っている「美魔女」たちなら、すべてを見せても惜しくない。ついには、「美魔女」のヌードも飛び出す有様だ。『an・an』の「きれいな裸」(13)特集から約二〇年。あの時

「ハタチ」だった女性たちは二度目の成人式を迎えた「美魔女」となって、『美ST』を舞台に再び「きれいな裸」を披露する。外見至上主義の世の中において、二〇代がきれいな身体を持っているのは当たり前である。二〇年後の今だからこそ、「努力の賜物」であるヌードはますます価値を持って、立派な「自己表現」となりうるのだ。バッシングもなんのその。「美魔女」たちは「四〇代、あの頃より今日、今日より五年後の私が絶対キレイ！」（『美ST』キャッチフレーズ）とばかり、ますます「自分磨き」と「自分披露」に余念がない。

こうして、インターネットで誰もが投票できる「国民的美魔女コンテスト」の開催をはじめとして、『美ST』が年齢よりも圧倒的に若く、美しさを保っている女性を「美魔女」ともてはやすことで、同誌の枠を超えて「美魔女」はマスメディアで注目されるようになり、ちょっとした社会現象にもなった。二〇一二年には新語・流行語大賞の候補五〇語にも選ばれた。新聞も、「時にあらがう〝美魔女〟」（朝日新聞大阪本社版朝刊二〇一一年一〇月二五日付）、「今の自分がいちばんキレイ――現代女子論第七講美魔女」（毎日新聞大阪本社版夕刊二〇一二年一〇月四日付）と「美魔女」を取り上げずにはいられない。

九〇年代における化粧ブーム時のコスメフリークが年齢を重ねたことから、二〇〇〇年代の後半には、『VoCE PLATINUM』（講談社）や『MAQUIA Royale』（集英社）など既存の化粧情報誌を母体にしたアラフォー向けの化粧情報誌が登場したが、結局は後発である『美ST』の一人勝ちとなった。「人生で最高の美貌はこれから」（『MAQUIA Royale』）とその主張は『美ST』と大して違わないのだが、女性週刊誌の流れを汲む圧倒的な口コミ情報量と「美魔女コンテスト」という一大イベントの開催の前には退散するしかなかった。光文社・山本編集長の「美魔女」戦略は成功したのである。

光文社と言えば「女の人生すごろく」の王道を歩もうとする女性を応援する出版社である。一九七五年の『ＪＪ』創刊時から、「玉の輿」一直線、「幸せな結婚」とは上昇婚であると豪語してやまない。当然、そのためにファッションやビューティーは存在するというのが光文社のポリシーであったはずだ。「結婚が、経済《カネ》と美《カオ》の交換」（小倉 2003：103）であるならば、「ＪＪガール」は「コマダム」になっても、マダムになっても「トロフィーワイフ」[14]として美しくあらねばならない。だから、そのためのハウツーを教えるのが、『美ＳＴ』の当初の目的であったとしても不思議ではない。

実際、「国民的美魔女コンテスト」の過去のファイナリストからなる読者モデル集団「チーム美魔女」には二〇一四年三月の時点で七五名が所属しているが、約半数が「新専業主婦」（専業主婦あるいは、趣味的仕事の持ち主）である。家族構成も独身は数名で、無記名の者も一〇名ほど存在するとはいえ、大多数が現在、既婚者であると考えてよいだろう。二〇一三年の第四回グランプリに輝いた西村真弓さんも「普通の奥さん」である。そんな「普通の奥さん」でも輝けるのが、「美魔女コンテスト」の醍醐味であり、『美ＳＴ』の真骨頂だ。だから、とびきり綺麗な「キラキラ奥さん」が多い「美魔女」に対し、女の賞味期限を無理矢理引き延ばそうと足掻いている者という見方は、後を絶たない。

40歳過ぎても20代にしか見えないように、若作りに命を懸ける女たち。何が気持ち悪いって、その年になってもまだ選ばれる花でいたい、男から手折られたい、という感性のあり方がイヤ。ここにかけるエネルギーと時間の膨大さとその結果、得られるもののバランスが悪すぎて気味が悪いんですよ。(上野・湯山 2012：209)

というような批判が代表的なものである。

確かに、三〇代の『VERY』な妻から四〇代の『STORY』な妻になってもいつまでも夫に愛される「キラキラ奥さん」でいるために、「トロフィーワイフ」であり続けるために、美を追求するのだという見方は、「正論」であって、否定できるものではない。当初は、仕掛けた側の光文社もそのつもりだっただろう。しかし、創刊から五年。コンテストも四回行われ、沢山の「美魔女」を輩出する中で、その存在も意義も変化しつつある。

「美魔女」読者モデル集団である「チーム美魔女」は、次のような活動目的を掲げているのだ。「40代の女性が社会の中で自分の足で立って、立ちあがって生きようとしています。そういう人たちの力を『TEAM美魔女』というチームで皆の力で、強調しながら、活動していきます。」

その活動には、『美ST』でのモデル活動だけでなく、企業とのコラボレーションや、イベント、「社会貢献」も含まれるらしい。実際、「チーム美魔女」として活動した収益の五%をユニセフに寄付しているのだ。「美魔女の魔力が社会を変える」というのが「チーム美魔女」のテーマであるらしい。[15]

なんと今や「美魔女」は「美」をもとに、「社会貢献」を目指しているのである。夫や身近な男性に向けて発揮されていた「美」の効力が社会に向けて、有効に活用されているとは。素晴らしいことではないだろうか。

社会学者のキャサリン・ハキムは、ヒューマン・キャピタルやソーシャル・キャピタルに並ぶものとして、エロティック・キャピタルの重要性を掲げている。エロティック・キャピタルとは、「美しさ、セックスアピール、快活さ、着こなしのセンス、人を惹きつける魅力、社交スキル、性的能力などが組み合わさった、外見の魅力と対人的な魅力を総合したものと考えるといいだろう。」(Hakim 2012 : 17)

「美魔女」が活用しようとしているのはまさに「エロティック・キャピタル」ではないか。四〇にして「エロティック・キャピタル」を目減りさせず、むしろ倍増して持つ「美魔女」たちが、それを社会的に有効活用して「社会貢献」に結びつけようと試みているのである。どこまで成功するかは未知数だが「美しい40代がニッポンをアゲる!」――「エロティック・キャピタル」の新たな使い道がここにあるのではないだろうか。

「美魔女」と恋愛

さて、このように日々ますます美しくなる「美魔女」たちであるが、そんなに美しくなってどうするのだろうか。いつまでも美しい「プリザーブドフラワー」を男たちが放っておくはずがないではないかという声が聞こえてきそうである。あるいは、「美魔女」たち自身も、当初の目的であった夫のための「トロフィーワイフ」の範疇を超えて、未知の領域へと乗り出してしまうのではないかという懸念が持たれる。

しかし、もともと『美ST』は四〇代専業主婦を読者とする『STORY』の美容版として出発しただけに、恋愛は御法度なのである。たとえその欲望を持っていたとしても。

そう、『VERY』の中でも『STORY』の中でもあまりにも明白なので、誰も言わないこと、それは恋愛したいという読者の欲望だ。

『VERY』編集部はその欲望については何も語らない。その証拠に、星占いの欄には、普通の女性誌にある「恋愛運」という項目はないが、「パートナー以外の男性」という言葉が出てくる。『STORY』では「恋愛運」の代わりに「出会い運」という言葉が用意されている。恋愛が禁忌であることを前提に作られた主婦のための雑誌の中に、隠蔽されたものがある。(小倉 2003：107-108)

それは、当然『美ST』でも守られるべきはずのものだった。創刊当初は『STORY』同様、巧みに恋愛の話題が避けられていた。しかし、究極の「リア充」である『美ST』読者が、佐川男子(16)

や嵐だけで満足できるはずがない。「恋心こそ、最高の美容液」（二〇一一年一〇月号）と題して、宮沢りえと瀬戸内寂聴の対談「女を美しくするのはどんな恋ですか？」を掲載した頃から、『美ST』ではその不文律があからさまに破られるようになってきた。「結婚していても、雷は落ちる」と断言する瀬戸内寂聴に、「また、恋をするかもしれない」と答える既婚一児の母、宮沢りえ。それは、『美ST』読者の切なる願いを代弁しているのだろうか。

『美ST』読者の恋愛願望はさらにヒートアップする。二〇一三年一月号では「R40指定――「H」と「I」の間には何がある？　愛は四〇代を救う！　絶対！」という大特集が組まれた。しかも、「ダンナのいないところで読んで下さい。」の但し書きつきだ。「四六歳、今が私の〝モテキ〟です！」と臆面もなく「婚外恋愛」を推奨するグラビア記事には、まるで『婦人公論』の手記かと見まがうような読者による「恋愛体験談」が語られているのである。

さらに、二〇一四年三月号では、「四〇代が恋したっていいじゃない」と『GLOW』の「大人女子」や『DRESS』の未婚女子も顔負けのような特集記事が掲載されるようになった。なぜ、『美ST』読者はそんなに恋をしたがるのか。四〇代、もう一度女として花開くためなのか。もちろん、その答えを完全に否定することはできないだろう。「もうやめられない〝女〟の私、恋することに恋してる♡」（二〇一四年三月号）という見出しが躍る誌面からは、主婦という足枷がありながらも、恋愛への欲望を隠さない『美ST』読者の姿が見て取れる。

しかし、『美ST』は『婦人公論』ではない。あくまでも化粧情報誌である。「美魔女」である

『美ST』読者は、恋愛の先に、美を求めているのだ。「ビューティのテクで疑似恋愛状態を作れば、〝恋のホルモン〟分泌されます！」（二〇一一年一一月号）という具合に。なぜ、「恋のホルモン」が分泌されなければならないのか。それはもちろん、「キレイになるため」である。アンチエイジングのためなのである。

「『もっとも外見の変化へと作用するのはエストロゲン』と米山先生。『肌がみずみずしく、ツヤとハリが出て、異性を惹きつけるためにウエストもくびれる』のだそう。宋先生も『ドーパミンやオキシトシンが関係する交感神経が興奮すると瞳孔が大きくなり、目力アップにつながり、頬が紅潮することも』」（二〇一一年一一月号）というように「恋心こそ、最高の美容液」を「科学と医学で実証」しようとするのが『美ST』の真骨頂なのである。

「自然と自分磨きに力が入る恋は、コスメにもサプリにも勝る最高の美容液かもしれません。」（二〇一四年三月号）とあるように、「美魔女」たるもの、美しくなって、恋をするのではなく、恋をすることによってさらに美しくなろうと目論んでいるのである。だから、あくまでも恋をするのは、美しくなるためであり、恋愛が最終目的なのではなく、美が最終目的なのである。「美容液恋愛」――それが「美魔女」の恋愛なのだ。

「美魔女」がヌードを披露するのも同様である。「奇跡ではなく努力！　四〇代は、ヌードで再び『美人』になる」（二〇一四年三月号）のであり、つまり、恋愛もヌードも、「美魔女」にとっては最高の効き目がある「美容液」にすぎないのである。

そのあたりが、「美魔女」よりも上の世代（元祖『JJ』世代）の五〇代とは異なるのだ。例えば、エッセイストの南美希子（二〇一四年四月現在五八歳）は、コスメフリークであるにもかかわらず、化粧は「恋し続ける女の最高にして最大の武器」と題し、次のような発言をしている。

自分における一番美しい自分、恋人をよそ見させないために充分な美貌。そう恋愛への執着が強ければ強いほど、どんなに美しくても美しすぎることはないという思いに女は支配されるのである。……勿論、妻であり母となった女性にとっても、化粧抜きの人生など考えられない。ひたすら人目を意識するものから、自分自身を大きく鼓舞する働きが化粧にあることを発見するかもしれない。しかし、女は死ぬまで女である。化粧という美の手段がもたらすあの言いしれぬトキメキを女は常に隠し持っているのである。（『美ST』二〇一四年四月号）

これは、「美魔女」とは逆のスタンスである。「恋愛への執着心ゆえに美を求める」というのはヴェルナー・ゾンバルト(17)にも結びつく古典的な発想であり、「女は死ぬまで女である」というのも、結局は「死ぬまで男に愛されたい」、「男から手折られたい」という願望に直結している。

しかし、単に「美魔女」は「死ぬまで女」でありたいわけではない。あくまでも「死ぬまで『美魔女』」でいたいだけなのだ。「今の私がいちばんキレイ」それだけなのだ。ただ、そのためには、リスクは高いが極めてよく効く、「美容液恋愛」が必須なのである。

「美魔女」は「女子」か

一般に、「美魔女」はその赤文字系の出自ゆえに誤解されている。「美魔女」に対する批判の代表的なものとしては、前述の上野千鶴子と湯山玲子の対談からも明らかなようにいつまでも「男性に手折られたい」という、「女を降りない」事に対する批判である。

また、下の世代からも「頑張りすぎ」を揶揄されたり、「女を降りない」事に対するバッシングも見受けられる。

例えば『女子会2・0』（ジレンマ＋編集部編 2013）においては、ライターの西森路代が、「美魔女」について次のような「解説」を述べている。「ファッション雑誌『美STORY（現在、美ST）』（光文社）による造語で、才色兼備の三五歳以上の女性のこと。『国民的〝美魔女〟コンテスト』も開かれるなど話題になった。こうした女性を讃える意見もあるが、逆にいつまでも女を降りないということや、美容にお金をかけすぎることから、批判の対象にもなっている。」（ジレンマ＋編集部編 2013：102–103）

「美魔女」が「才色兼備」なのかどうかはともかく、上の世代からも下の世代からも「女を降りない」という理由で「美魔女」は批判されているのだ。決して、「死ぬまで女でありたい」と主張しているわけではないのに。むしろ「美魔女」でいたいだけなのに。

この種の批判は、コスメフリークという存在を無視しているのではないか。九〇年代半ばの化粧ブームのころに、登場してきた彼女たちは、確かに二〇代の頃から二四時間を美容や化粧に費やしてきただろう。そして、四〇代になってもそれを止めないだろう。むしろ、よりいっそうその傾向は強まっているかもしれない。加齢によって、ますます高度な化粧のテクニックが求められるようになる。高額化粧品も新たに投入せざるを得ない。美容医療の力も借りなければならないかもしれない。それでもコスメフリークたちは化粧に時間もお金も費やすことを止めはしない。なぜなら、彼女たちコスメフリークにとって、化粧は趣味なのだから。「家にいるときでも絶対ヘアメイク」――大人になっても趣味としての化粧に耽溺し続ける人たち。それが「美魔女」の正体なのではないか。

単純に「男に手折られるため」と考えるには、あまりにも女性たちはコスメの快楽に溺れ過ぎているのではないか。化粧は女性にとっての趣味になりすぎているのではないか。『美ST』誌上で「美魔女」たちが美容法を公開した記事や、「美魔女」による美容本など(18)を見ると、彼女たちがいかに二四時間の美容生活を楽しんでいるかがわかる。化粧に耽溺するコスメフリークぶりが見て取れる。

つまり、「美魔女」と「女子」や「ガール」は決して相容れない存在ではないのである。彼女たちは、「男から手折られ」るためにのみ若作りに命を懸けているのではない。むしろ、「女性に生まれたからにはファッションやメイクを全力で楽しみたい。そしてこれからも、その楽しみをみなさんと共有できたらいいなと思っています」(『andGIRL』二〇一三年二月号)という「ガール」な平子理沙の心境に近いのではないか。

事実、『美ST』を飛び出して活躍中である「チーム美魔女」のデビュー曲のタイトルは「フォーエバーガール」であった。ずっと女でいたいのではない。ずっと「ガール」でいたいのである。彼女たちが歌っていることは、実は平子理沙の主張と同じなのではないか。「美魔女」もまた「メイク」を全力で楽しむ「ガール」でありたいだけなのかもしれないのだ。

当初は、化粧好きな「新専業主婦」であったはずの『美ST』読者が、いつのまにか「美魔女」となり、「フォーエバーガール」と歌っているのである。赤文字雑誌から生まれた「美魔女」が、赤文字雑誌というその枠組みをいつしか超え、「ガール」として、「好きに生きてこそ、一生女子」を標榜する青文字雑誌の領域に歩み寄っているのだ。

「美魔女」の逆襲。主婦であっても、一度は赤文字雑誌の「幸せな結婚」という生き方を選択しても、私たちはやっぱり「女子」。躍進する「美魔女」の姿からは、そのような声が聞こえてきそうである。「美」は分断していた女性たちを一つにするのだ。派閥や生き方を超えて、「美」を求める限り、私たちは「女子」なのである。

「今の自分が一番キレイだと思う。キレイでいるのは自分のため。自分がなりたい自分になりたいだけ。」（毎日新聞大阪本社版夕刊二〇一三年一〇月四日付）と語る「美魔女」。恋愛でも、他者のためでもなく、最終的には私自身のために、「私に萌える」（米澤 2010）ために「美」を求めているのである。「美魔女」たちは、他者よりもむしろ、自分自身を鼓舞するための力として美をとらえているのではないか。また、彼女たちの強い自己肯定感は、当然「大人女子」と共通するものである。

本章では、「女子」とは対極にあるはずの赤文字雑誌の世界を見てきた。「新専業主婦」を謳った『VERY』や『STORY』もそれぞれ創刊された時とは異なり、「ワーママ」や「美魔女」が台頭する時代となっている。仕事と恋愛。それはどちらも、「幸せな結婚」と引き換えに、「新専業主婦」が捨て去ってきたものであった。『VERY』や『STORY』の世界には不要とされてきたものであった。しかし、今、『VERY』や『STORY』な妻たちは、「ワーママ」や「美魔女」を目指す。「恋しても、働いても、ミニスカはいてもいいじゃない！ 40代女子はまだまだわたし新発見！」（『GLOW』二〇一二年一二月）という青文字雑誌の「大人女子」に限りなく近づいてきているのではないだろうか。実は求められるものは似通ってきているのではないだろうか。

玉の輿という名の上昇婚が存在する限り、赤文字雑誌はなくならないだろう。身も心もコスプレし続ける『VERY』な妻も安泰だろう。しかし、「女子」の誕生は、他者の評価がすべての世界に生きてきた彼女たちを「私萌え」に向かわせ、その「幸せな結婚」をも確実に揺るがせているのである。

注

（1）黒田知永子さんの『VERY』での軌跡については、米澤（2010）「第三章　二五年後の雇用機会均等法」に詳しい。

(2)七〇年代後半から八〇年代前半の『JJ』を席巻した「ハマトラ」「ニュートラ」で装う読者モデルや読者たちは「JJガール」と呼ばれた。その大半は大衆化した女子大生であり、コンサバティブな彼女たち「JJガール」が、いわゆる女子大生ブームやお嬢様ブームを巻き起こした。

(3)『VERY』創刊の影響で、若くして高級ブランドを身に付けた奥様(マダム)が街で目立つようになった。そのような『VERY』な妻たちは、「コギャル」になぞらえて「コマダム」と呼ばれた。「新専業主婦」をファッションで表した言葉とも言える。

(4)内閣府『平成23年度版　男女共同参画白書』「平成22年度　男女共同参画社会の形成の状況――第1部男女共同参画社会の形成の状況:現状編」より。

(5)主婦でありながら、料理やフラワーアレンジメント、ファッションセンスなどに秀でており、雑誌などを中心にマスコミで主婦の範疇を超えて活躍する主婦を指す。主婦の憧れであり、理想像とされる。やはり、九五年に創刊され黒田知永子さんを憧れのチコさんにした『VERY』の功績は大きい。チコさんの他に、代表的な「カリスマ主婦」としては、料理研究家の栗原はるみや、ライフスタイル・クリエーターのマーサ・スチュワートなどが挙げられる。

(6)幼稚園に子供を通わせるママの略。ファッションから持ち物、お弁当の中身まで、『VERY』は「園ママ」のバイブルでもある。

(7)素人でもデザインしやすいリアルクローズがファッション界を席巻して以降、人気読者モデルが自らのブランドを立ち上げ、デザイナーやプロデューサーを名乗る時代がやってきた。また、雑誌の方も今まで以上に読者モデルをスター化する傾向にあり、「読モ」を超えた「おしゃP」(おしゃれプロデューサー)やSNSと連動した「ブロモ」(ブログモデル)などがますます積極的に活動するようになっている。

(8)流行を取り入れた低価格のファッションを大量生産し、短いサイクルで次々と販売することから、ファストフードになぞらえてファストファッション（マックファッションとも言われた）と呼ばれるようになった。二〇〇〇年代の半ばごろからファストファッションが台頭し始め、一枚の服の持つ「重み」が失われるようになってきている。デザイナーの中には、ファストファッションへの抵抗から、以前にもまして手の込んだ、メッセージ性を持つ服をコレクションで発表する者も少なくない。

（9）男性のビジネスバッグとは異なり、女性には明確なビジネスバッグの基準はない。しかし、就職活動で使われるバッグや女性向けビジネス雑誌『日経ウーマン』（日経BP社）などで「働く女性のバッグ」として取り上げられるのは、やはりA4サイズの書類がきちんと入る大きめのバッグである。

（10）アメリカでもハーバード大などの一流大学を出ながらも、大企業や官庁などに就職しない、あるいはそういった「エリート職」を捨てて、主婦になる若い世代が増加傾向にある。会社に使われない新しい生き方を目指す女性たちを、エミリー・マッチャーは『ハウスワイフ2・0』（Matchar 2013）で描いたが、「ストレスのある高報酬より、ほっとできる暮らしをする」「ウェブ、SNSを使いワークシェアを利用する」など、『VERY』な主婦と重なる面もなくはない。しかし、果たして『VERY』な主婦が、「ハウスワイフ2・0」のように「会社を選択的に離脱」できているのか、自らが生き方を選択できているのかは、甚だ疑問である。

（11）ベティ・フリーダンは『新しい女性の創造』（Friedan 1963）において、アメリカの郊外の一軒家に住み、子供を二人持って「幸せ」に暮らす専業主婦の悩みを「名前のない問題」と名付けたが、第二次世界大戦後のアメリカの専業主婦も、二一世紀初頭の日本の「新専業主婦」も同じ悩みに直面している。妻でも母でもない「私」はどこにいるのか？　本当にアップルパイを焼いたり、洗濯をしている時が一番「幸せ」なのか？　という問題である。

(12)昨今の『VERY』は「新専業主婦」の矛盾や葛藤、悩みをそのまま誌面に反映させることで、発行部数を伸ばしている。「お受験」に関しても、かつての『VERY』では、何の疑問も抱かずに、お受験ファッションの特集に終始していたと思われるが、「お受験」そのものを問うような記事も掲載されるようになった。とはいえ、「キャラ別　幼稚園ママの遠足一式フルコーデ、マニュアル」(『VERY』二〇一四年五月号)は健在である。

(13)一九九二年『an・an』で一般女性による「きれいな裸」特集が行われた。二万人を超える応募者の中から選ばれた一九名の読者モデルが篠山紀信の撮影により、誌上でヌードを披露した。日本を代表するファッション誌でおしゃれを競うように美しいヌードを競う。それは、日本においてヌードがモードとして認められた瞬間でもあった。

(14)男性の社会的な成功の証として、社会的地位を誇示するために、『VERY』な妻、『STORY』な妻はいくつになっても美しくあることを求められた。それが上昇婚の掟だったと言える。しかし、「ワーママ」が増え、「美魔女」が妍を競う昨今、「トロフィーワイフ」的な要素は減少している。

(15)光文社『美ST』が発信する　美魔女オフィシャルサイト（www.bimajo.jp　２０１４年４月10日最終閲覧）からの抜粋。

(16)『美ST』では、以前から宅配便ドライバーに好感度を持たれる装いといった記事が掲載されていたが、近年は「おうちに来てくれる身近な王子さま」として、宅配便ドライバーが「佐川男子」などと呼ばれ、公式ファンブックも発売されるなど人気が高まっている。

(17)経済学者ヴェルナー・ゾンバルトは一九一二年に著した『恋愛と贅沢と資本主義』において、恋愛が奢侈を生み、贅沢の競い合いがモードの流行や資本主義経済の発展に寄与したと述べている。つまり、異性を誘惑することが、ファッションや化粧の主要な目的だということだ。しかし、服飾史家の中野香織は二一世紀の現在、「本来、誘惑、ないし恋愛への欲望が原動力となって生まれたはずのモードから、恋愛の要素が抜け落ちたり、薄まってきたりしている」（中野 2010：81）と指摘している。

(18)「おっぱい美魔女」として名高い『原志保の愛されボディメイキング』（原 2011）や数々の雑誌で活躍している水谷雅子の『美魔女ビューティ』（水谷 2012）、第二回国民的美魔女コンテストで優勝した『美魔女・山田佳子もう怖くない49歳の崖』（山田 2014）など。

第四章　ファッション誌の「女子力」

1　「不思議ちゃん」と「女子」——戸川純からきゃりーぱみゅぱみゅへ

「オリーブ少女」と「宝島少女」

今まで見てきたように、「大人女子」が大手を振って闊歩できるようになったのはあくまでも二一世紀を迎えてからの話なのだ。一九九九年に宝島社から「28歳、一生〝女の子〟宣言！」を掲げた『Sweet』が創刊されてからのことにすぎない。『Sweet』は三〇代という装いも生き方も「常識」を求められる世代に、甘い砂糖菓子のようなガーリー・ファッションを提案し、「大人かわいい」、「大人女子」という言葉で「常識」をいとも簡単に打ち破ろうとした。それに応えて、多くの女性たちが人に好かれる服よりも、自分の好きな服を着るようになった。繰り返すが、ファッション誌における「女子」はここから始まったのである。

当然のことながら、二〇世紀、それも男女雇用機会均等法すらまだない一九八〇年代の初め頃は、一生、「女子」で生きていく「大人女子」などまだ夢のまた夢だったのだ。少女の期間が終われば、大人にならざるを得なかった。生き方も、そしてもちろんファッションも。では、当時の女の子（少女）はどのように感じていたのだろうか。小林麻美に代表される成熟した大人の女性に憧れる一方で、大人になりたくない、少女のままでいたいと願い、成熟にあらがう少女たちはどのように生きていたのだろうか。

八〇年代に一世を風靡した「オリーブ少女」の陰で、『Olive』の世界だけでは回収できないエッジイな（当時の言葉で言えばトンガった）感性を持つ少女たちも存在した。中森明夫のオムニバス小説『東京トンガリキッズ』（中森 1997）に描かれるような、「人とは違う」鋭い感受性や音楽、ファッションへの強い志向を持つ少女たちである。彼女たちは、「オリーブ少女」同様（あるいはそれ以上に）ファッションへのこだわりを持っており、むしろ個性的でありたいという差異化への欲求は「オリーブ少女」よりもずっと強かった。それゆえ、時にはチェッカーズのような当時のアイドルも特集される『Olive』の大衆性や、将来はスチュワーデスになりたいと願う読者モデル・栗尾美恵子さんの普通の女の子らしさにも違和感を覚えていたのである。『Olive』のファッションは好きだけれど、カルチャー的には物足りない。そういったサブカルチャー的に洗練されていた少女たち、八〇年代前半にニューウエーブと呼ばれたような音楽やファッション、テクノポップや前衛的なDCブランドを好み、「オリーブ少女」にはなりきれない少女たちを救ったのが、サブカルチャー誌『宝島』なのであった。

一九八〇年代の『宝島』は、サブカルチャーの中でも音楽を中心に取り上げていたため、音楽に関心の高い一〇代の少女たちも愛読していた。もちろん、彼女たちはただ関心が高いだけではない。人とはちょっと違う、エキセントリックなものを求めて、差異化の末に『宝島』に辿りついたのだ。だからこそ、一九八五年六月号から『宝島』誌上では、中森明夫の小説『東京トンガリキッズ』が連載されていたのである。そんなトンガリキッズそのものである『宝島』を愛読する少女＝「宝島少女」の姿は岡崎京子のマンガ『東京ガールズブラボー』（岡崎 1992, 1993）で克明に描かれている。一九八〇年代初頭に札幌から東京に引っ越してきたパンクやテクノポップを愛するニューウエーブな高校生金田サカエとして。差異化の時代を象徴する主人公として。そう、個性的なDCブランドが花開いた一九八〇年代とは消費による差異化の時代であったのだ。

さらにいえば、NW（ニューウエーブ：引用者注）は高度成長期からオイルショックを経て、成熟した社会の只中で育った新人類世代に共通する、ある価値観を象徴するスタイルでもあった。一時期この世代の代表者であったミュージシャン戸川純は「我一塊の肉塊なり」（「諦念プシガンガ」）と歌ったが、そこには自らをも相対化した価値観の上で、「最終的には自分だけ、自分の好き嫌いがすべて」という開き直った超・個人主義が見え隠れしている。彼ら――単独行動が目立ち、群れて行動することを嫌っていたNWの若者たち――は「前衛」文化が好きな「トンガったぼく（わたし）というアイデンティティのありようが成立しえた最後の時代を背景に、「他人との違い＝差異」こそが重要だという時代精神の申し子でもあった。（アクロス編 1995：192）

このように、音楽とファッションによる他者との差異化を求めた八〇年代前半の「宝島少女」たちが、先輩として、自分たちの近い将来の姿として憧れたのが、女性ロックバンドの「ゼルダ」や、当時は「ゲルニカ」や「ヤプーズ」のボーカルとして活動していた戸川純だった。

「ゼルダ」は一九八〇年代から九〇年代にかけて活動していたロックバンドであり、一九五八年生まれのリーダー小嶋さちほ、一九六四年生まれのボーカル高橋佐代子らメンバー全員が女性からなるガールズバンド（ギャルバンド）の草分け的存在である。ガールズバンドが珍しかった時代に女性だけで、ロックをやってのけたことから「ゼルダ」のライブには彼女たちのファッションをまねた「宝島少女」がいつも集結していた。古着をコーディネートした現在のガーリースタイルにも通じるような女の子らしいファッション。スコット・フィッツジェラルドの妻ゼルダの名をバンド名にしていることからもわかるように、音楽的な面だけでなく、ファッション面においても「ゼルダ」が八〇年代の「宝島少女」に与えた影響は大きいと言えるだろう。[3]

そして、何と言っても「宝島少女」のカリスマとも言うべき存在だったのが、一九六一年生まれの戸川純である。戸川純なくして、八〇年代の「宝島少女」は語れないであろう。それほど、彼女たちは戸川純に憧れ、戸川純になりたいと思ったのだ。それは、なぜなのか。一九八〇年代の戸川純とはいったい何だったのだろうか。

戸川純と「不思議ちゃん」

戸川純の「不思議さ」についてはすでに男性によって論じられている(4)。そう、八〇年代の彼女は男性にとっては「不思議」としか言いようのない存在だった。奇抜なファッションにパフォーマンス。ルックスも言動も含めて、戸川純は「不思議、大好き。(5)」時代の「不思議ちゃん」として理解され、消費されていた。

しかし、女性たちにとって、とりわけ八〇年代の少女たちにとっての戸川純がいかなる存在だったのかということになると、ほとんど論じられていないのではないだろうか。「宝島少女」にとっての戸川純は、「不思議ちゃん」などではない。むしろ、憧れそのもの、なりたくて仕方がないカリスマ、そんなところだろうか。なぜ、「宝島少女」たちは戸川純に憧れ、戸川純になりたいと思ったのだろうか。

もともと子役として芸能界にデビューしていた戸川純が、音楽活動に取り組むようになったのは、一九八〇年代に入ってからのことである。一九八二年六月に細野晴臣のプロデュースによるユニット「ゲルニカ」で、一九八三年にバンド「戸川純とヤプーズ」でヴォーカリストとしてデビューした彼女は、その独特の世界観に基づく圧倒的なパフォーマンスで話題となった。一九八四年にはアルバム『玉姫様』でソロ・デビューを果たし、「宝島少女」から憧憬のまなざしを向けられる歌姫となる。

とはいえ、それはあくまでもコアな音楽ファンの世界においてであり、彼女が一般に知られるようになったのは、一九八二年九月にTOTOが発売した新製品「ウォッシュレット」のCMによってであった。頭には花、ミニのワンピースという姿でカメラにお尻を向け「おしりだって、洗ってほしい」とつぶやくCMキャラクター戸川純に、世間が与えたのが「不思議ちゃん」の称号だった。(6)『ギャルと不思議ちゃん』(松谷 2012) の著者である松谷創一郎は、不思議ちゃんとは何かという問いに次のような定義づけを行っている。彼は一九九〇年代に独特のキャラクターで人気を集めていた篠原ともえを同時代のコギャルと比較したうえで、「篠原ともえから見えてきたのは、〝不思議ちゃん〟という存在が多数派への差異化戦略だったということだ。では、不思議ちゃん=多数派ではない若い女性の文脈を遡るとどうなるのか。すると、一人の女性にたどりつく。戸川純だ。」(松谷 1992 : 92) と述べている。

確かに、戸川純が多数派との差異化戦略として、捉えどころのないイメージを敢えて演じていたという側面はあるだろう。過激なパフォーマンスや衣装、そして彼女自身が作詞を手掛けた歌詞にもそれは現れている。代表曲である「玉姫様」は女性の生理を歌ったものだ。現在のように生理用品が人気モデルによってヒョウ柄にデザインされる時代ではない。女性タレントがCMに出演することすら珍しく、まだまだ隠されるべきものだった生理を、「ひと月に一度」「玉姫様の発作」「神秘の現象」と高らかに歌いあげた戸川純のパフォーマンス能力は確かに抜きん出たものだったであろう。近年、戸川自身が、自らの確信犯的なパフォーマンスを回顧し、次のように述べている。

わたしはソロデビューしてから、ランドセルの小学生や巫女の衣装で歌っていた。生理の歌等を歌っていたから、そういう生々しさを感じさせないよう、バランスをとっているつもりであった。しかしそれらは、ファッショナブルとはとても言い難く、演劇色の強いものであった。ランドセルの小学生や巫女（他にトンボの羽をしょったりもした）で歌った頃を、「女未満」と評された。それを知り、うまくいったんだと思えた。生理の歌をリアリティをあまり感じさせることなくできた、と思えたのだ。「女未満」、これが私の思う少女性である。（戸川 2012：152）

つまり、戸川純は戦略的に「不思議ちゃん」を演じきっていたのだ。「おしりだって、洗ってほしい。」とつぶやきながら、ランドセルを背負いながら、一生懸命「生理の歌」を歌うことによって。成熟した「大人の女」になることに抵抗し、異形ぎりぎりのところで、少女として生きる道を模索していたのである。

一九八〇年代、均等法以前の少女は「大人の女」になるしかなかったのだ。少女のまま、生き抜くことは非常に高度な技を必要としたのである。結婚、出産から逃れることは難しく、どんな道を辿るにせよ、最終的には妻、母になることを求められた。でも、「不思議ちゃん」になれば、そのライフコースを外れられるかも。新たな一歩を踏み出せるかも。戸川純に憧れて玉姫様を歌いながら、八〇年代の「宝島少女」は密かな希望を持ち続けたのである。

何も「宝島少女」はウォッシュレットのCMキャラクターである「不思議ちゃん」戸川純に憧れたのではない。「玉姫様」や「好き好き大好き」を歌う戸川純に、「常識をはるかに超えてつのる想い」を歌いあげる戸川純に共感と憧れを覚えたのである。音楽とファッションと言葉が、戸川純という表現者の身体《メディア》において三位一体となっていたのだ。自分が着たいと思うものを着て、自分の言葉で表現すること。成熟を否定するために、少女のままで生きていくために。その自らの身体と進退（存在）を賭けた決死のパフォーマンスに八〇年代の「宝島少女」はどうしようもなく惹かれたのではないか。

こういう方法があったのだ。こうすれば、自分の好きな世界を保ったまま、大人になれるのだと「宝島少女」は知ったのではないか。だからこそ、戸川純は「宝島少女」にとって唯一無二の存在になった。

もちろん、一方で戸川純は、松谷も指摘しているように男性にとっては「性的」な存在でもあった。「さらに、同年戸川は成人向けグラビア誌『GORO』でセミヌードを披露する。この時『先ごろ戸川はオナペット宣言をしていたのでありました』と、堂々と表明している」（松谷 2012：94-95）。これもまた、戸川純の戦略的なパフォーマンスの一環なのだ。敢えて、自覚的に性的な存在となり、男性を「安心」させることによって、彼らが求める「不思議ちゃん」というキャラクターを完璧に演じたのである。男性は、表現者としての戸川純を求めてはいない。また、理解しようともしない。戸川純はそのことをよく知っていた。男性は、この不可解な女性を「不思議ちゃん」というカテゴリーに閉じ込めることで、安全に消費しようとしたのであった。「不思議ちゃん」という名を与えることで何とか彼女を受け入れられたのである。つまるところ、「不思議ちゃん」とは妻にも母にもなろうとせず、成熟を否定する女性たちに対して、男性が、あるいは世間が与えた「称号」にすぎないのだ。なぜなら、大人になりたくない「宝島少女」たちにとっては、戸川純の過激なパフォーマンスも少女のまま世を生き抜く術として十分に「理解」できるものであり、決して「不思議」ではなかったからである。

きゃりーぱみゅぱみゅと「女子」

それから、三〇年以上の歳月が過ぎた。五〇代半ばになった戸川純は現在も細々と歌手活動を行っているが、もちろんかつてのように熱狂的な支持を集めているわけではない。では、彼女に憧れた「宝島少女」はその後どうなったのか。戸川純と「宝島少女」は八〇年代の産物であったが、人と違う私でありたいという「宝島少女」の精神は、一九八九年に宝島社から創刊された初のファッション誌『CUTiE』に受け継がれた。

「誤解を恐れずに言えば、八〇年代後半以降で、日本の女の子たちのファッションに最も大きなインパクトを与えた雑誌は宝島社の『CUTiE』ではなかろうか。」（中沢 2008）とファッション誌に詳しいライターの中沢明子が述べるように、『CUTiE』の衝撃が『SPRiNG』へと広がり、そのうねりが『Sweet』を誕生させる。二〇〇〇年以降の好きな服を着る、「常識」を超える、青文字雑誌の快進撃へとつながっていくのである。

では、その原点ともいえる八〇年代の戸川純のファッションとはどのようなものだったのだろうか。本人も「ファッショナブルとはとても言い難く、演劇色の強い」衣装を身に付けていたと述懐しているが、一方で現在のガーリー・ファッションの萌芽ともいうべき側面も見せていたのである。

わたしが「ガーリーでしたね」とよく言われるのは、何を指してであろう。一〇年ＴＯＴＯのＣＭをやっていて、その衣装のことであろうか（中期は幼稚園児や赤ちゃんをモチーフにしながらもカラフルで超がつくほどデコラティヴな衣装であった）。それとも歌手の仕事での、ランドセルの小学生や巫女の衣装のことであろうか。否、たぶん八六年からの、バッド「ガール」路線と名付けていた「バーバラ・セクサロイド」のＰＶ等で着ていた露出度の高い衣装のことであろう。黒い、前髪のあるロングヘアをおろして、胸にＢＡＤと入ったアンダーバストまでしかない黒のトップスに大きなバックルのエナメルのベルトに黒いレザーのホットパンツ、そこから黒いガーターを見せて黒いニーハイ以上の靴下を吊って黒いブーツを合わせた。これをベースにいろいろな衣装にしたて上げていたのだ。（戸川 2012：150）

ここで、戸川純は「バッド『ガール』」路線の計算されつくしたガーリーな衣装よりも、むしろ演劇色の強い少女性を表現した衣装にこそ、自らの本質を見出している。そして、八〇年代の自分自身のファッションはあくまでも少女的であり、ガーリーではないと述べているのだ。

戸川の分析によれば、少女性とガーリーとの違いは、「足りない、未完成なもの」と「完璧なほどの隙のなさを持つ、完成されたもの」（戸川 2012：150, 152）の違いである。

ランドセルや巫女の衣装は演劇色が強く、決してファッショナブルとは言えない。しかし、「女未満」を表現する戸川純は、敢えて洗練されることを好まず、「バッド『ガール』」路線の完璧な隙のなさを追求することはなかった。「ことファッションにおいて、わたしがいつまでたっても未完成なもの＝少女性を好む人だったからだ」（戸川 2012：152-153）。

ガーリーは、一瞬の隙もない完璧さを求めるがゆえに、ファッションとして完成されている。現在の「大人かわいい」ファッションもそうである。自覚的に「少女」をプロデュースするがゆえに、そのファッションは洗練され、モードとして評価される。しかし、八〇年代の戸川純は、あくまでもその未完成な少女性にこだわった。それは、まだ「少女」をファッションとして着るには、早過ぎたからだ。機が熟していなかった。二〇歳を過ぎた大人の女性が、「少女」を装うには、まだ特別な演劇性が必要とされたのだ。パフォーマンスとしてしか、「少女」を装うことができなかったのだ。

しかし、現在の私たちは、「少女」をファッションとして日常に「着る」ことができる。きゃりーぱみゅぱみゅのような存在が、それを如実に表している。「不思議ちゃん」――彼女もまたかつての戸川純のように男性たちによってその「称号」を与えられている。確かに、奇抜なファッションとパフォーマンスで一躍スターダムにのし上がった彼女を、戸川純と同じカテゴリーに分類するのは間違いではないだろう。しかし、何よりも両者はその受け入れられ方が異なっている。戸川純はあくまでも、アンダーグラウンドの匂いを最後まで漂わせていたカリスマだった。ウォッシュレットのCMで人気者になっても、紅白歌合戦に出場したりすることは決してなかった。

もちろん、時代背景の違いもある。ご存知のように、今、「不思議ちゃん」は、クール・ジャパンとして花開いている。「つけまつけ」た「ファッションモンスター[7]」となって、世界に憧れられている。二一世紀に入って、「不思議ちゃん」は最もファッショナブルな存在になったのだ。誰よりも、何よりもオシャレになったのだ。何の抑圧もなく、葛藤もなく、「少女」をファッションとして「着る」きゃりーぱみゅぱみゅの姿に世界が共感している。「カワイイ」という賛辞が贈られる。一瞬の隙もない完璧なガーリー「日本のカワイイ」に世界が憧れているのだ。

一九九三年生まれのきゃりーぱみゅぱみゅが、二〇歳を過ぎて、頭に巨大なリボンを付けたり、着ぐるみのような服をファッショナブルに着こなすことができるのは、戸川純の「恩恵」を受けているからである。少女のまま年齢を重ねること。成熟を否定すること。今では、簡単にできることも、八〇年代には非常に大きな困難を伴ったのだ。ランドセルの小学生や巫女スタイルで「レディヒステリック」に「玉姫様」を歌うことと、巨大なリボンやぬいぐるみを付けて「つけまつける」と歌うことは同じパフォーマンスでもその重みが全く違う。差異化戦略としては共通するところもあるが、戸川純の場合は身体を賭けた自己表現であるが、きゃりーぱみゅぱみゅは身体を使った着せ替え人形としての「私遊び」[8]（米澤 2008）である。八〇年代のファッションによる自己表現から、九〇年代以降の化粧による自己プロデュースへ。だからこそ、きゃりーぱみゅぱみゅは「つけまつける」と繰り返し歌うのだ。

一九八〇年代に戸川純が渾身の力を振り絞って蒔いた種を、一九九〇年代以降の『CUTiE』や『Sweet』といった宝島社の雑誌が成長させた。青文字系モデルとしてデビューしたきゃりーぱみゅぱみゅこそ、その申し子であろう。三〇年の時を経て、演劇的な「少女」ではなく、ファッショナブルな「ガーリー」が受け入れられる世の中が到来した。二一世紀になって、ようやく「女子」という花が開いたのではないか。そして、それが「大人女子」という実になろうとしているのではないか。

つまり、きゃりーぱみゅぱみゅだけでなく、私たちもまた、戸川純のおかげで、今、リボンやフリルを何の気負いもなく、身に付けられるのかもしれないのである。「女子」を着ることができているのかもしれないのである。

2 「女子」を着る、「女子」を生きる

モードと「女子」

こうして二一世紀の日本には「女子」を着る時代が到来したわけであるが、きゃりーぱみゅぱみゅの人気に代表されるように、世界もまた日本の「大人女子」、大人かわいいガーリーファッションを受け入れている。当然のことながら、モードの世界も「女子」の影響下にあるのではなかろうか。ここで、日本発のファッションと「女子」を着ることとの相関についてあらためて考えてみよう。

日本発のファッションが世界に影響を色濃く与えるようになったのは、一九七〇年代のことである。高田賢三や三宅一生がパリコレで注目され始め、日本人の美意識を体現するモデル山口小夜子が人気を博すようになる。一九八〇年代に入ると、川久保玲や山本耀司の前衛的な作品が「東からの衝撃」として、西欧のモード界を震撼させた。「黒、破壊、アシンメトリー、貧乏主義」（南谷 2004：9）に象徴される「ぼろルック」は西欧のファッションシステムを根幹から揺るがし、ファッションの新たな未来を切り開くものとして高く評価された。九〇年代に入っても、川久保玲は背中にこぶの付いた「こぶドレス」を発表するなど、「自由を着る」を理念に常に既成概念を壊すような服作りを続けている。また、一方の山本耀司も、自らの創作について、「ファッションというのは物書きでさえ書けない、言葉にできないものを形にする最先端の表現だと思っています。」（山

本 2013：144）と述べている。両者ともに、「モードを超えた」表現として服を作り続けてきたのである。

しかし、一方で時代はデザイナーの思想の反映としての作品よりも、ストリート・ファッションが全盛期を迎えるようになる。ストリート・ファッションの影響なくしてモードは語れなくなっていく。

東京で花開いた、『非常識系』とでも呼びたくなるようなスタイルは枚挙にいとまがない。例えば、ガングロ、コギャル、ヤマンバのほか、ギャル系、ゴスロリ系、アキバ系、お兄系など、どれも東京オンリーワンのファッションだ。今やこうした東京発の異色モードは、海外の一流ファッションデザイナーたちのインスピレーションの源になったりもする。このようなファッションは世界中どこを探しても見られないジャパンオリジナルと言える。（宮田理江プロフェッショナルブログ「MediaSabor」（mediasabor.jp）二〇〇八年二月四日より抜粋）

例えば、九〇年代半ばに登場した日本のコギャルは、ジョン・ガリアーノのコレクションやヘレナルビンスタインの「渋谷カラーズ」として、そのファッション、化粧ともにモードの世界に影響を与えた。そして、二〇〇〇年以降は、日本発の「大人かわいい」ガーリー・ファッションが、世界を席巻するようになる。

二〇一四年春に、深井晃子がキュレーターを務めた「Future Beauty 日本ファッション――不連続の連続」展が京都で開催された。そこでは、二〇世紀後半以降、日本のファッションが、モードの世界にいかに影響を与えてきたか、その「日本ファッション」の独自性とは何かという問いかけのもとに、日本人デザイナーによる数々の作品が一堂に展示されていた。最初に登場するのが川久保玲のコムデギャルソンや山本耀司のワイズによる黒いドレスであり、掉尾を飾るのが、きゃりーぱみゅぱみゅも衣装として着用した山縣良和によるリトゥンアフターワーズ（writtenafterwards）のカラフルなドレスである。(9)

こうした二つの方向性が交差するところに、ポップな酉の市の熊手と見まごう山縣良和の服が登場する。捨てられそうなガラクタに愛おしく目を向け、手間をかけて再構成された服＝熊手＝七福神は、日本の庶民的な信仰の対象からポップ・カルチャーの新しい神の服へと変身して立ち現れた時、きゃりーぱみゅぱみゅに着られてイギリスの雑誌『Dazed&Confuzed』の表紙となり、初音ミクにまとわれて『美術手帖』の表紙となった。（深井 2014：19）

ここで深井は、山縣の服に潜む「熊手」や「七福神」といった日本の伝統文化の要素を強調するあまり、「捨てられそうなガラクタ」からなる作品の色合い、個々のパーツ、全体から受ける印象が、いかにガーリーであるかを述べていない。よく見れば、「熊手」や「七福神」を表す日本の伝統に基づいた作品が、同時に、ピンクや紫、赤といった色彩から成り立ち、幾分キッチュなぬいぐるみや花やケーキから構成されていることはもっと語られるべきである。それは、なぜ、きゃりーぱみゅぱみゅや初音ミクが山縣のドレスをまとったのか、なぜ今、山縣のリトゥンアフターワーズのカラフルなドレスが注目されるのかの答えに繋がるからだ。

その答えは山縣のドレスが紛れもなく「カワイイ」からである。彼の作品からは伝統文化と同時に「カワイイ」としか言いようのないガーリーなテイストが滲み出ているからである。山縣のドレスからは、日本の伝統文化も、カワイイも世界に誇る同じ日本の文化なのだ、という声が聞こえるようだ。

きゃりーぱみゅぱみゅが、クール・ジャパンとして世界にすんなりと受け入れられるのも、モード界におけるこの流れともちろん合致している。ファッションにおける「クール」とは何か。いったい、きゃりーぱみゅぱみゅは何を世界に評価されているのか。「クール・ファッション」について、深井は次のように述べている。

東京は二〇〇〇年代初め、「ストリート・ファッションの首都」と呼ばれ、クール・ファッションと呼ばれることになる独自の東京ファッションへと繋がった。クール・ファッションと呼ばれるものは、実態、つまりモノである服そのものよりも、着る人の服への向かい方という点で興味深い。それ故にさまざまなレベルにおいて強い影響力を持っていることを認めなくてはならな

い。（深井 2014：18-19）

「クール・ファッション」とはつまり、「モノである服そのものよりも、着る人の服への向かい方」であると深井は述べているのだ。それは言い換えるならば、作り手であるデザイナーよりも受け手である着る人の時代が到来したということではなかろうか。服を作品に例えるならば、作者よりも読者が重視される時代がやってきたということである。現在のファッション界において「読者モデル」がこれほど重宝されるのはその証である。

八〇年代のコムデギャルソンやワイズの服は、服そのものが作品として完成されていた。「西欧のファッションシステムを破壊する服」「ジェンダーを超える服」――受け手は着ることによって作り手の強烈なメッセージ、その意図を受け止めようとした。しかし、現代のリトゥンアフターワーズの服は、非常に手の込んだ作品であっても、受け手代表であるきゃりーぱみゅぱみゅや初音ミクが着ることではじめて完成されるのである。だからこそ、服そのものではなく、その服をまとった彼女たちが『Dazed&Confuzed』や『美術手帖』の表紙となり、クール・ジャパンとして評価されるのだ。まさに、その服を「誰が着るか」が鍵を握っていると言えるだろう。

つまり、現在は、作品そのものよりも、「女子」を着ることがモードなのではないだろうか。ファッションそのものよりも、「女子」を着ることが、世界に評価されているのではないかと思えるのである。

「女子」を着る服

しかしながら、リトゥンアフターワーズのカラフルなドレスは、誰にでも着られるわけではない。二〇一四年春に、山縣良和は「着られる服」を意識したリアルクローズのブランド「リトゥンバイ（written by）」を立ち上げたが、発表されたコレクションの中心はメンズウェアである。もう少し、日常に根差した形でファンタジーな作品を着るにはどうすればいいのか。「女子」を着るにはどうすればいいのか。そこで、誰にでも着られるガーリーなファッションが必要になってくる。ここでは、「女子」という装い、「女子」を着るガーリーファッションが、クチュール系ファッションの世界にも浸透していることの例として、一つのブランドを取り上げてみたい。

レッドヴァレンティノ（RED VALENTINO）というブランドがある。ヴァレンティノ・ガラヴァーニが始めたファーストライン、セカンドラインに続く三番目のヴァレンティノとして、二〇〇三年に発表されたカジュアルラインである。超エレガントなコレクション、日常を意識したローマでもなく、五年ほど前までは、ある程度ファッション通（オタク）な人が普段着としてちょっと遊んで着るこなれた服というイメージだった。二〇〇七年のヴァレンティノ引退後は、マリア・グラツィア・キウリとピエールパオロ・ピッチョーリがクリエイティブ・ディレクターを務めているが、ヴァレンティノ特有のリボンやレース、フリル使いもデニムやシャツなどのアイテムの中に控えめに溶け込んでいた。

ところが、ここ数年、とりわけ二〇一一年一月に東京・南青山に旗艦店がオープンした頃から状況は一変した。リボンやレース、フリルがアイコンのようにふんだんにちりばめられるようになり、色も赤や黒、ベージュやグレーといったシックなヴァレンティノカラーから、ピンク、イエロー、ブルー、ペパーミント・グリーンといったキャンディカラーが目立つようになった。肝心のアイテムも花柄のワンピースやミニのフレアやバルーンスカート、そしてリボンやフリルを過剰に装飾したTシャツが中心となったのだ。

一言でいえば、とてもガーリーに変身したのである。つまり、「大人かわいい」く進化を遂げたのだ。ワンピースはもちろん、トレンチコートにまで大きなリボンが取り付けられている。あるいは、チュールレースが裾から見え隠れする。トレンチコートと言えば、大人の女性を象徴するアイテムである。裏地がヒョウ柄のイヴ・サンローランのトレンチコートなどは、「昼顔」のカトリーヌ・ドヌーブにでもなったつもりで着こなさなければならない難易度Aの代物であろう。しかし、レッドヴァレンティノのトレンチは違う。前から見ると一見普通のトレンチのようだが、背中にはまるで帯を思わせるような大きなリボンが付けられている。ただ、それだけでは甘すぎるので、黒いレース素材にして密やかな「毒《スパイス》」が加味されている。さらに、裾にも同じレースが仕掛けられているのだ。歩くたびに背中や裾から黒いレースが見え隠れするトレンチコート。なんて「大人かわいい」のだろう。なんて矛盾を抱えた危うい服なのだろう。

そんな極めて蠱惑的な服、レッドヴァレンティノのターゲットはそもそも誰なのか。レッドヴァレンティノがよく誌面に登場するファッション誌は『CLASSY.』に『美人百花』、それから『25ans』である。青文字雑誌の台頭以降は、比較的ファッション誌の読者層が年齢によって明確に分けられているわけではないものの、一応二〇代後半から三〇代前半、いわゆるアラサー向けの雑誌が中心である。それぐらいの年代の未婚（実際は既婚でもかまわないが、主婦や母親といった生活感を感じさせない）女性に着てほしいとブランド側は考えているようだ。

しかし、レッドヴァレンティノの実際の顧客はアラサーよりもアラフォーもしくはそれ以上と考えられる。『25ans』にしばし登場する読者モデルたち（四〇代半ば）は、レッドヴァレンティノのワンピースを愛用しているという。彼女たちが集う「女子会」の写真には、常に最新コレクションのワンピースが写っている。なるほど、バブルを少しでも齧った後期アラフォー世代ならば、ワンピースで約一〇万円、Tシャツで三万円という価格設定も受け入れられるだろう。逆にファストファッション全盛時代に生きる現在の二〇代には、簡単に手に取られることはないかもしれない。つまり、『25ans』が決して二五歳に読まれているわけではないように、レッドヴァレンティノの服もまた永遠に「二五歳でいたい」と願う「大人女子」によって愛好されているのである。

こうして、レッドヴァレンティノの服は、「大人かわいく」進化したのであった。コレクションごとに、ますますガーリーさを増していく。タイトスカートやボディコンシャスなワンピースはほぼ姿を消し、バルーンスカートや裾が広がったミニのワンピースに変わっていく。レッドヴァレンティノだけではない。最近では、本家のヴァレンティノまでが、レッドヴァレンティノに倣ってガーリー化する始末である。エレガントさやセクシーさを表現していたレースのワンピースは、今や少女のような清楚さと可愛さを表現するものになっている。

ガーリーに変身してからのレッドヴァレンティノのコレクションは、より明確にテーマを打ち出している。二〇一二年〜一三年にかけての秋冬コレクションのテーマは、ジェーン・オースティンの小説にインスパイアされた、一九世紀のロマンティックなブリティッシュスタイルであった。「現実とファンタジーの境界で、一九世紀の物語の繊細でロマンティックな主人公のように、夢の妨げとなる慣習に立ち向かう意志の強さと、反抗的な側面を見せるヒロインがイメージです。今シーズンもレッドヴァレンティノの現代的なおとぎ話の世界をお楽しみください。」(10)

さらに、二〇一三年〜一四年秋冬のイメージ広告からは、撮影を『VOGUE』などで活躍する人気フォトグラファーのティム・ウォーカーが手掛け、グリム童話の「ヘンゼルとグレーテル」をテーマにしたコレクションの幻想的な世界観を表現している。

今シーズンの同ブランドのヒロインは、気まぐれで無邪気な夢想家。おとぎ話というレンズを通して、彼女が垣間見る世界を表現した。グレーテルのリボンやヘンゼルのフランネル、小さめのセーターと大柄チェック、ショートパンツにコンパクトなケープ、レース編みのソックスなどを合わせたスタイルが登場。アラベスク模様がチロルの風景の中でアクセントとなり、カラフルな刺繍がワードローブ全体に散りばめられている。メインとなる素材はベルベット、ローデンウール、アンゴラ、プレードなど。(二〇一三年九月三日付「ファッション・ヘッドライン」(www.fashion-headline.com)より抜粋)

イギリス出身のティム・ウォーカーは、現在最も影響力のあるファッション・フォトグラファーの一人である。彼の作品の特徴は、写真集『STORYTELLER』にも表わされているように、幻想的な物語の世界を写真という一瞬に閉じ込めることと、その作品から溢れ出る「ガーリー」なセンスにある。

幻想的な物語の世界は、写真集の表紙にもなっている、壊れたハンプティ・ダンプティの中から飛び出す瞬間のモードな女性の姿として表現されている。また、その「ガーリー」な感覚は、ピンク色のバルーンドレスを着、たくさんの風船を手にした女性がパリの空に舞い上がっていく瞬間として、クリスチャン・ディオールのフレグランス「Miss Dior Cherie」の広告に色濃く滲み出ている。

物語性と少女性。それはまさにレッドヴァレンティノの世界を表現するのに最も適したフォトグラファーであろう。二〇一四年春夏コレクションのテーマ「えんどう豆の上に寝たお姫様」に基づいたイメージ広告も引き続きティム・ウォーカーが作り上げているが、モードを童話の世界のように表象し、童話をモードの世界に誘う「白昼夢」のような彼の作品は、現実と物語の世界を行き来する現代のプリンセス＝「女子」にこそ相応しいのではないか。

「女子」を生きる――ロマンティックに、エキセントリックに

ファッションの形をとった「現代的なおとぎ話」。それを着ることは、おとぎ話の主人公になることだ。レッドヴァレンティノのガーリーなファッションを着ることは、「女子」を着ることであると同時に、物語の主人公のように、生きていくこと、つまり「女子」として生きていくことを意味するのである。

大人と呼ばれる年齢になっても、私たちは少女の心を持ち続けている。もう二〇世紀のように、それを隠す必要はない。よしもとばななや江國香織の小説[11]がそのことを教えてくれる。「大人の少女小説」を読むように、私たちは「大人女子」としていくつになっても好きな服を着られるようになった。一九世紀はもちろん、二〇世紀の後半を生きた女性よりも、ずっと軽やかに自由に人生を選べるようになった。けれども、まだ私たちの周りには「夢の妨げとなる慣習」が存在する。「新専業主婦」になったとしても「名前のない問題」がいくつも山積する。キャリアの道を突き進んでも「ガラスの天井[12]」を打ち破るのは、そんなに簡単なことではない。

だからこそ、「女子」たち、とりわけ「大人女子」たちはレッドヴァレンティノの服に反応するのではないか。「慣習に立ち向かう意志の強さ」を持ち続けるためにも、レッドヴァレンティノの服を着ようとするのではないか。「女子」を着る、ということを、確信犯的に表現しようとしているのがレッドヴァレンティノの服であり、それを無意識のうちに感じ取っているからこそ、「大人女子」たちは、レッドヴァレンティノを身につけようとするのではないだろうか。[13]

そもそも、レッドヴァレンティノのレッドとは何を表しているのだろうか。ブランドを象徴する赤。もちろん、間違いではない。しかし、それ以上に「正しい」答えは、R(ROMANTIC) E(ECCENTRIC) D(DRESS) ――ロマンティックでエキセントリックなドレス、なのである。

ロマンティックは八〇年代「オリーブ少女」を、エキセントリックは同じ八〇年代の「宝島少女」を想起させる。未来を夢見るロマンティックな「オリーブ少女」、人とは違うエキセントリックな「宝島少女」。だから、身に着けるだけで、少女の気分に戻れるのだ。リセエンヌに憧れるロマンティックガールだったあの頃。一方で戸川純のエキセントリックさにも憧れたあの頃。往年の「オリーブ少女」や「宝島少女」を彷彿とさせるティアードスカートやフレアスカート。レースやチュール、リボンの付いたTシャツやワンピース。水玉にボーダー。それは、まるで少女時代に憧れつつ、胸をときめかせながら手に取ったアッキオオニシや、ビバユー、ミルクの服が蘇ったかのような感覚を「大人女子」にもたらすのではないか。不思議の国のアリスやメアリーポピンズのプリントに胸をときめかせたあの頃。あるいは、ボーダーTシャツやカラフルなニットにどうしようもなく惹かれたあの頃。それは、大人になって、シャネルやディオールといったハイブランドの服を手にする時の高揚感とも異なる、何とも言えない切ない想いと、洋服に対する初恋のようなときめきを「大人女子」に思い起こさせるのではないか。[14]

もう、恋はしないと思っていたのに。もう、人を好きになることはないと思っていたのに。でも、「恋はするものじゃなく、落ちるものだ」[15]。レッドヴァレンティノを愛用する「大人女子」たちは、きっとREDのDにDRAMATICを求めているのではないか。それは何も、恋愛だけを意味しているのではない。人生の後半戦に突入しても、「慣習に立ち向かう」ために。「四〇代女子」として「まだまだわたし新発見!」をするために。ロマンティックに、エキセントリックに、ドラマティックに、人生を冒険するために。不惑を過ぎようとも。いや、不惑だからこそ。

「女子」を着ることは、「女子」を生きることなのだ。年齢にとらわれずに、「常識」にとらわれずに、生きることなのだ。世界で「クール・ファッション」が評価されることの根底にも、「女子」を生きることへの密かな共感があるのではないだろうか。

3　装いの力としての「女子力」

卒業のない女子校

本書では、二〇〇〇年以降のファッション誌において頻繁に使われるようになった「女子」という言葉に焦点をあて、大人の女性に対する呼称として「女子」がなぜ使われるようになったのか、ファッションの「女子」が意味するものは何かということを中心に考察をすすめてきた。

年齢や役割、ライフスタイルと強固に結びついていたファッションが九〇年代を境にその呪縛を解き放たれた。女子大生もOLも主婦もキャリア女性も目指すところは同じとなった。もっとキレイに、もっとカワイく。ファッション誌にもはや成熟した大人の女性はいらない。いくつになってもフリルやリボンを身に付けたい。好きな服を自由に着たい。――「女子」の誕生である。「28歳、一生〝女の子〟宣言！」と「常識」を超えた「大人かわいい」ファッションの台頭とともに、それを着こなす「大人女子」が増殖してきたのであった。すぐさまファッションの世界においては、「三〇代女子」や「四〇代女子」が当たり前の存在となった。そして、今や、「大人女子」はファッションやメイクの流行の域を超える現象となったのである。

「女子」という言葉の裏側には、何歳になっても主役を降りたくない、脇役に回りたくない、という女性たちの願望が存在する。妻でもなく、母でもなく一人の「女子」として一生を生きていくという「三〇代女子」や「四〇代女子」の決意は、主役人生を全うすることの表明である。

さらに、「女子」という言葉は女性を既婚や未婚、キャリアや主婦といった立場に分かつことなく、一つにする。女子と呼ばれ、まだ未分化だったあの頃、あるいは女子校時代のように。女性たちは自らを「女子」と認識することで、女子校のような男子不要の文化、男子のいない世界を求めているのかもしれない。それは、数年前から流行している、女子だけの集いである「女子会」ブームにも見て取ることができる。

そもそもファッション誌の世界は女子だけの国、卒業のない女子校なのだ。女子校内での女子は、男子のためにおしゃれをしたり化粧をしたりするのではない。彼女たちは男性がいなくても、さまざまな衣服に身を包み、化粧を施すのである。着せ替え遊びに男性はいらない。そのことを改めて教えてくれるのが、着せ替え人形である。リカちゃん人形にワタル君(16)が必ずしも必要ではないように、バービー人形にケンが必要ではないように。着せ替え人形にとってのボーイフレンドは必需品ではなく、単なる添え物にすぎない。

むしろ、「女子」が「女子」として生きていくために、ファッションや化粧は存在するのである。一五年の長きに渉ってファッション誌の編集に携わってきた女性は次のように言う。

編集者時代に学んだことは、「女性は誰かのためではなく、自分がなりたいと思う自分のためにオシャレするということ。」「男性に好かれる髪型特集」より、「私がいちばん美しく見える髪形特集」の方が圧倒的に支持されるのです。（「講談社一〇〇周年記念この一冊！」(bookclub.kodansha.co.jp/konoichi/) より抜粋）

つまり、女性たちは「私に萌える」ためにおしゃれをするのである。ファッション誌の世界では当たり前となったこの「私萌え」の姿は、今やさまざまなメディアで目にすることができる。例えば、「大人女子」が愛飲する資生堂「ザ・コラーゲン」のＣＭでは、仲間由紀恵と水原希子率いる数え切れないほど大勢のドレスアップした「女子」たちが華やかに集っており、まるで女子大の謝恩会のような華やかさに満ち溢れている。満面の笑みで「女子」の世界を謳歌する彼女たちにつけられたキャッチコピーは「女でよかった！」である。お互いの美しさを讃えるように、コラーゲン・ドリンクを飲み、「女でよかった！」と実感し合う「女子」たち。コラーゲンを飲んで美を保つのも、単に男性を惹きつけるためというわけではない。むしろ、いつまでも私が私に萌えるため、つまり卒業のない女子校の住人でい続けるためというわけだ。

そもそも、女子大生が謝恩会で自分史上最高のドレスアップをするのは、何のためなのか。それも、共学よりも女子大の謝恩会の方がいっそう華やかなのはなぜなのか。たとえ、女子校は卒業しても、いつまでも卒業のない女子校の住人でいたい、という意志の表れではないだろうか。その証として、彼女たちは卒業後もことあるごとにドレスアップし、「女子会」と称して集うのである。(17)

女子校文化は、メディアの世界に深く静かに領土を拡大している。自分たちを「女子」と呼びつづける三十代女さらには四十代女、そして男無用の「腐女子」……男の死角だったこの暗黒大陸が、あるとき幻のアトランティスが浮上するようにぬっとかれらの視野にあらわれたとき、いったい何が起きるだろうか。（上野 2010：189）

上野千鶴子の指摘を待つまでもなく、女子校文化は今、至る所で、声を上げ始めている。本書で扱ったファッション誌の「女子」、そして相変わらず盛り上がりをみせる女子会、果ては女子サッカー「なでしこジャパン」に代表されるアスリート女子まで。今後も、女性たちが主役意識を持つ限り、「女子」という言葉は、ファッション誌の枠組みを超えて広がり、女子会に代表されるような女子校文化がますます興隆するのであろう。なぜなら、「女でよかった！」と感じる限り、私に萌える「女子」たちは卒業のない女子校に生きているからである。

装いの力としての「女子力」

では、何のために「女子」たちはファッション誌という卒業のない女子校において「私に萌える」のだろうか。自分がなりたいと思う自分になり、私にうっとりする「私萌え」。確かに、理想的なイメージという目標を定め、それに向かってファッションをコーディネートし、メイクを施す。それは、身体を使った着せ替え人形遊びであり、「私遊び」の快楽がそこには存在する。「私遊び」の快楽が、「私萌え」という自己充足につながっている。では、「私萌え」の先は、どこへ行きつくのだろうか。どこへ向かっているのだろうか。

その「行き先」を考えることは、「女子」にとって装うことの意味を問うことになるだろう。つまり、「女子」たちが何のために、「毎日スカートを変えるのか」という問題に答えることになるのだ。もちろん、何度も繰り返すように、「女子」は髪形やスカートを男性に向けて「毎日変えて」いるわけではない。そもそも髪形やスカートという目に付きやすい変化はもちろん、もっと細かな差異、例えばネイルアートの柄やアクセサリーのモチーフ、バッグの形の微妙な違いを男性は見分けることすらできないというのが現状であろう。第三章で取り上げたケリーバッグとバーキンの違いを明確に述べられる男性が、果たしてどれほどいるだろうか。

しかし、「女子」たちは、微妙な差異にこだわり、装いを毎日変化させようとする。アイシャドウや口紅の色を変えようとする。ファッション誌の「アイコン」に近づくために。なりたい私になるために。だが、そこまでしてなりたい私、ファッション誌の「女子」が目標に掲げ理想とする「アイコン」が、男性の考える理想の女性像とは決定的に異なることに留意すべきである。

第一章で詳細に述べた現在のファッション誌を牽引する存在である「大人女子」の平子理沙、梨花はもちろん、吉川ひなのやまだ二〇代の紗栄子まで。ファッション誌の人気モデルたちは、ファッション誌の読者である「女子」にこそ熱狂的に支持されているが、一般的には、特に男性にはそれほど支持されていない。それは、例えば多くの男性に熱狂的に支持されているアイドルAKB48（以下、AKB）を考えてみるとよくわかる。

AKBは、基本的にファッション誌の「女子」的ではない。もちろん、衣装やメイクといった外見がファッショナブルではないからである。むしろ、ファッションも含めて洗練されていないこと、完成されていないことを武器にしているアイドルグループである。だからこそ、男性の圧倒的な支持を受けるのであろう。

ファッショナブルではない外見――決してモードなアジアン・ビューティーではない普通の黒髪、それに合わせた控えめな化粧、あくまでも制服をイメージした衣装に男性は安心感と親しみやすさを覚える。茶髪、つけま、ガーリーなドレスはいくら「かわいい」くても、男性には歓迎されない。それは、桜色の爪が、どんなに凝ったネイルアートよりも「最強」なのと同じである。

そんなAKBの中で、ファッション誌の「女子」にも違和感なく受け入れられているのが、小嶋陽菜（こじはる）である。彼女は、化粧情報誌『MAQUIA』（集英社）のレギュラーモデルも務めており、『Sweet』にも登場する「女子」の「カリスマ」である。そんな異色のＡＫＢメンバーである「こじはる」の人気は、第五回選抜総選挙で第九位とそれほど高くない。

それは、彼女が大きな目はもちろん、バランスのよい顔、身体を持ち、ＡＫＢのメンバーの中ではずば抜けて人形的なルックスを持っている『女の子の神様』[18]だからである。『an・an』でも、しばしば表紙モデルとしてその理想的な身体を披露しているのは、彼女が「女子」が考える理想的な「オンナノカラダ」（二〇一一年五月一一日号）の持ち主であるからだ。ということは、つまり「こじはる」もまたバービー人形であるということだ。

また、次世代の「女子」として梨花卒業後の『Sweet』を担うのが、紗栄子である。紗栄子は、野球選手のダルビッシュ有と結婚していた「ダルビッシュ紗栄子」時代よりも、離婚して再び紗栄子になってから、いっそうモデル活動に本腰を入れるようになった。今や、自らのファッションスナップを集めた写真集を何冊も出すほど、ファッション誌の「女子」に支持されている存在である。「こじはる」や紗栄子は、まだ二〇代であるが、おそらく三〇代になっても、『Sweet』の「大人女子」として生きていくであろう。

このように、ファッション誌の「女子」のカリスマは、いずれも人形的なのである。平子理沙、梨花、「こじはる」、紗栄子まで。「こじはる」を除いて、男性にはあまり支持されていない、というよりも関心を持たれていないと言った方がいいだろう。そもそも彼女たちの活動は、ファッション誌という卒業のない女子校の世界にほぼ限定されているのだ。あまりにも人形的でありすぎるがゆえに。あまりにもファッショナブルでありすぎるがゆえに。

しかし、彼女たちはファッショナブルであり続け、ファッション誌の生きたバービー人形として、「女子」に支持され続ける。いくつになっても、おそらく一〇年後も、「女子」で有り続けるだろうから。「女子」を着続けるだろうから。妻や、母といった役割ではなく、「女子」として生きていくだろうから。「100歳でもハイヒール」を履きたいと願うこと、「今の私がいちばんキレイ」と思うことは「好きに生きてこそ、一生女子」につながっている。いくつになっても「女子」を着ようとすることは、「女子」を生きようとすることを意味するのである。

結局、ファッション誌における「女子力」とは、「女子」を着て、「女子」を生きる力を指すのではないだろうか。平子理沙や梨花のように、いくつになっても「女子」を着て、「女子」を生きる能力を身に付けていることを「女子力が高い」と言うのではないだろうか。

換言するならば、ファッション誌の「女子力」とは装いの持つ力なのだ。装いの力としての「女子力」は、基本的に男性に向けられているものではない。むしろ、「女子」として生きていくための原動力となっているものである。装いの力によって、女は「女子」となる。妻や母といった社会的役割、良妻賢母規範を軽やかに脱ぎ捨てるファッション誌の「女子力」はもっと評価されるべきであろう。

「女子」の行く末

この章を終えるにあたって、今まで述べてきたようなファッション誌に端を発する「女子」ブームが、一時のブームとして一過性に終わってしまうのか、あるいはまだ当分続くのか。そして今後どのように展開していくのかを考えたい。それは「女子」ブームの意味を問うことでもある。

確かに、女子という言葉は、あまりにも拡散してしまった。流行語となり、手垢に塗れきってしまったという感は否めない。何でも女子を付ければいいという具合に、「〇〇女子」が増殖し、女子という言葉が独り歩きしてしまったのである。

そういった中で、本来の女子の世代である二〇代を中心に、「女子」に対する反発や抵抗が見られるようになった。序章でも述べたように『an・an』二〇一三年九月一三日号の「女子卒業宣言」が代表的なものである。そこでは、ファッションというよりもむしろ、「女子」＝未熟な子供っぽさであると捉えられており、主に態度や行動に対して未熟な「女子」ではなく成熟した「大人の女性」になろうというメッセージが若い女性に向けて示されている。

もちろん、行き過ぎたガーリー・ファッションへの違和感もあるだろう。いくら「大人かわいい」とはいえ、一〇代の少女のような格好（そして振る舞い）を、四〇代の梨花や平子理沙がいつまでも見せつけていることに対して、アンビバレントな思いを抱く者も多いだろう。「憧れ」の気持ちを持ちつつも、なぜ、四〇歳を過ぎても「大人かわいい」なのか、なぜそこまでして「女子」にこだわるのか、とりわけ二〇代の女性たちにとっては腑に落ちないところがあるに違いない。実際のところ、現役女子大生も「二五歳をすぎたら、女性でいい。女子って子供っぽい。」と感じており、平子理沙の過剰な「ガーリー」に対しても「もう、いいよって言いたい。」と答えている[19]（毎日新聞大阪本社版夕刊二〇一三年一二月二七日付記事より）。

だからと言って、現在二〇代の彼女たちが、三〇代、四〇代を迎えた時に、従来のような成熟した大人の女性らしさを目指すかどうかはわからない。それは、結婚に対してまだ現実味を感じていない、あるいは実際の結婚生活を経験していない女子大生が、「専業主婦になりたい！」と素直に口にするのと共通するところがあるからだ。

三〇代という「常識」を求められる年齢になった時に、あるいは妻や母という社会的役割、ひいては良妻賢母規範を押しつけられるようになった時に、彼女たちはどのように感じるのだろうか。やはり、「常識」的な装いをしたいと思うのだろうか。いや、そんなはずはない。現在の女子大生は、もうすでに青文字雑誌の洗礼を十分に受けている世代なのだから。「女子」の誕生とともに育ってきた世代なのだから。ファッション誌の「女子」たちが、着ることで切り開いた「大人女子」という生き方を、有難く思うようになるのではないだろうか。

ちょうど、現在の「大人女子」が戸川純の「恩恵」を受けているように、現在の二〇代が三〇代、四〇代を迎えた時には、平子理沙や梨花のおかげで、おそらく「好きな格好で、好きに生きる」ことはもっともっと当たり前のことになっているに違いない。

たとえ、「女子」という言葉は今ほど使われなくなったとしても、「女子」を着ること、「女子」

を生きることは受け継がれていくと思われる。

ファッションという手段によって、「常識」や年齢を超えること。良妻賢母規範までも軽やかにすり抜けようとする装いの力としてのファッション誌の「女子力」は、今後も健在であろう。たとえ、ファッション誌というメディアがなくなったとしても。それは、男性をはじめとする他者にだけ向けられている力なのではなく、むしろ最終的には「女子」である自分に向けられている力なのだから。「私萌え」から、「装いの力」へ。ファッション誌の「女子力」という樹はその枝をますます広げ、二一世紀に根付いていくのではないだろうか。

注

(1)回顧展も開かれるほど先鋭的かつ革新的であった雑誌『Olive』だが、それはリセエンヌを標榜したファッションやライフスタイルが中心であった。カルチャー面においては、とりわけ八〇年代の『Olive』は、年に数回当時の女子中高生に人気の高かったアイドルを特集するなど、先鋭的とは言い難かった。「中森明菜が、憧れデザイナー大西厚樹におしゃれ相談！」「チェッカーズ　おしゃれはオリーブ少女のライバル！」(『Olive』一九八四年八月三日号)といった具合である。

(2)当時、成城学園高校に通っていた栗尾美恵子さんは、一九八〇年代半ばの「オリーブ少女」を代表する読者モデルとして誌面で活躍した。「オリーブ少女」を卒業後は、同じ系列の成城大学に進んだ後、「オリーブ少女」時代からの夢であったスチュワーデスとしてJALのカレンダーを飾り、さらに若乃花夫人となる。八〇年代に台頭してきたカタカナ職業や均等法後の総合職を目指さず、まさに女の人生の王道を歩んだ栗尾さんを読者代表に据えていたことこそ、『Olive』の保守的な一面を示すものであろう。
(3)フィッツジェラルドの妻ゼルダは、一九二〇年代のフラッパーを代表する存在であった。膝丈の短いスカートや、ボブヘア、濃い化粧などそれまでの女性像とは異なるファッションや、自由奔放な行動様式で世間を騒がせたフラッパー・ゼルダの名を付けたことから、女性だけのバンドが持つ意気込みが感じられるであろう。
(4)松谷創一郎は、『ギャルと不思議ちゃん』(松谷 2012) において、戸川純を不思議ちゃんの原点として論じている。また、その戸川純論の中で引用されているのが、『STUDIO VOICE』一九八四年九月号に掲載された高橋源一郎による「不思議な女の子がやってくるのだ」という戸川純を題材にしたエッセイである。
(5)糸井重里による一九八一年西武百貨店のコピー。一九八二年から八三年にかけての「おいしい生活。」とともに、八〇年代初頭の時代の空気を表す名コピーとして認識されている。
(6)一九八二年TOTO「ウォッシュレット」のCMにおける中畑貴志によるキャッチコピー。当時二一歳の戸川純がCMキャラクターとして出演し、頭には花、ミニのワンピースという少女的なスタイルでこのフレーズを歌ったため非常に話題となった。
(7)いずれも現在の「不思議ちゃん」として理解され、「カワイイ・ニッポン」を象徴する存在である、きゃりーぱみゅぱみゅの楽曲タイトルから。
(8)毎回、さまざまなファッション、ヘアメイクで全く異なるイメージを作り上げるきゃりーぱみゅぱみゅのパフォーマンスは、まさに九〇年代以降に浸透した日々「私」を着替える「私遊び」の感覚を体現している。
(9)クリスチャン・ディオールのデザイナーでもあったジョン・ガリアーノのアシスタントを経て、二〇〇七年四月に自身のブランド「リトゥンアフターワーズ」を立ち上げた。ファストファッションの台頭により大量生産、大量消費が趨勢となるファッション界において、表現としての服の可能性を追求し続けている。
(10)レッドヴァレンティノ二〇一二年〜一三年コレクション・ブックからの抜粋。
(11)よしもとばななの小説はデビュー当時から感覚表現、感情表現が多彩であり、少女マンガ的と言われていたが、その傾向は今だ健在である。また、児童文学作家でもある江國香織の小説やエッセイからは少女と大人の時間を行き来するような感覚が見受けられる。
(12)男女雇用機会均等法以降、総合職として「男並み」に働けるようになったとはいえ、昇進においては男性と同じではなく、未だ目には見えない障壁があるということ。
(13)STAP細胞をめぐる問題で渦中の人となった小保方晴子さんも、最初の「発表会見」では全身レッドヴァレンティノでガーリーにコーディネートしていた。しかし、二度目の「釈明会見」では、バーバリーのワンピースで清楚さをアピールするにとどまっていた。彼女のREDな冒険は、どこへ行ってしまったのだろうか。
(14)いずれも一九八〇年代に人気を博したデザイナーズブランド。デザイナーはそれぞれ、大西厚樹、中野裕通、大川ひとみ。童話の世界やバービー人形などをイメージし、一〇代の女の子に向けてファンタジックな世界を具現化していた。
(15)江國香織『東京タワー』(2001)の主人公の独白。
(16)リカちゃん人形は一九六七年の発売から現在まで、ずっとリカちゃんのままである(ルックスは時代に合わせて変化している。)が、そのボーイフレンドは、わたる君、マサト君、イサム君、かける君と常に変わり続けている。あくまでもボーイフレンドが添え物であることを表しているのであろう。
(17)Facebookをはじめとする SNSには、「女子」たちが、お互いの誕生日、ハロウィンや、クリスマスといったイベントごとにドレスアップやコスプレをして集う写真が常に掲載されている。まるでFacebookとはそういった「女子会」の写真を記録として残すメディアであるかのように。その結果、近年は恋人と二人で過ごすクリスマスよりも、「女子」同士でコスプレ・パーティをするハロウィンの方が、盛り上がりを見せているように思われる。

(18)二〇一一年三月に集英社から発売された小嶋陽菜の写真集のタイトル。まさに彼女は、男の子よりも女の子にとっての神様なのだ。

(19)毎日新聞大阪本社版夕刊二〇一三年一二月二七日付「現代女子論　第10講2013年総決算」の甲南女子大生による座談会より。

終　章　仮装と武装
「女子」的蜷川実花論

1　コスメと「女子」と『ヘルタースケルター』

二〇一二年夏、岡崎京子原作のマンガ『ヘルタースケルター』（岡崎 2003）が実写化された。興行収入は二〇億円を突破するヒット作になったという。全身整形によってスターになったヒロインが精神を病んでいくストーリーは、一九九〇年代初頭の発表当時もかなりの衝撃を与えた作品だ。しかし、なぜ作品が世に出てから、二〇年近くの時を経て実写化されることになったのだろうか。蜷川実花という稀代の作り手が沢尻エリカという絶妙な素材を得てようやく撮りきることが可能になったのか。溢れんばかりの過剰な色彩とガジェット（装置）に彩られたそれは、二一世紀の東京でしか、撮ることができない幻影なのか。

もう一度訊ねよう。なぜ、今になって『ヘルタースケルター』は実写化されたのだろうか。いや、されなければならなかったのだろうか。

一言で言うならば、それは現在が、「コスメの時代」であり、「女子の時代」だからである。年齢、立場を問わず、キレイとカワイイを追い求める「コスメの時代」。そして、一生を「女子」として、生きていける「女子の時代」。そんな世の中が到来したからである。逆に言えば、岡崎京子が『ヘルタースケルター』を描いていた時は、まだ機が熟していなかったのだ。全身を整形することで人気モデルに上り詰めたヒロイン「りりこ」に共感する女性たちは、あくまでも少数派だった。「誰よりもキレイになりたい」「誰よりもカワイくなりたい」。そんな願望を胸に秘めていたとしても、声を大にして叫ぶ勇気は二〇世紀の女性にはまだなかったのだ。もちろん、行動に移す勇気も。

しかし、二一世紀を生きる「女子」たちは、もう十分にキレイでカワイイ。そして、いくつになっても「今の私が絶頂！」と宣言する。三〇代の今が、四〇代の今が、いちばんキレイでカワイイと。なぜ、そんなことが言えるのだろうか。

化粧品や美容医療の進歩、それは一つの要因にすぎない。問題は、そこまで身体を改造するようになったのはなぜなのか、化粧によって変容させるのはなぜなのか、である。求められるのは単なる若さ、美しさではない。それならば、いつの時代も女性たちは手に入れようと努力してきた。今、「女子」たちに欲望されているのは、年齢を超越した「キレイ」――それはまさに、映画で沢尻ェリカが体現する「りりこ」の身体なのであり、バービー人形と言いかえることも可能な完璧な肢体である。それを「女子」たちは「ガーリー」と呼び褒め称えるのだ。

人形のような身体。それこそが「女子」のなりたいものであり、見たいものである。人形になった私。そして人形のような「女子」が登場する映画。「見たいものを、見せてあげる」が映画『ヘルタースケルター』のキャッチコピーであった。精神医学者の斎藤環は「見たいもの」ではなく、むしろ「〝見せたい〟ものを、見せてあげる」がこの映画の本質であると言う。「『見せたい』と『見たい』が一致する『女のまなざし』。擬態が無限に本体を作り出し続けることを可能にする『女のまなざし』こそが、この作品の中核にある」と喝破し、『ヘルタースケルター』を、「女の、女による、女のための映画」（斎藤 2012：90）と評している。それは一見、正鵠を得ているように思えるが、正確には、「女」ではなく、「女子」のまなざしであり、「女子の、女子による、女子のための映画」と言うべきなのである。

なぜ、写真家である蜷川実花は、「女子」のまなざしによって、「女子の、女子による、女子のための映画」を撮ることができたのだろうか。マンガ評論家の藤本由香里は、「『ヘルタースケルター』の場合、中でも大きいのは、色とりどりのファッションの圧倒的なきらびやかさと力。マンガはモノクロだから、これは映画ならではの完成形だ。」（藤本 2013：6-7）と述べている。なぜ、美しさ、華やかさ、儚さ、強さ、ファッションの力をこれでもかと見せつける、「コスメ」と「女子」の時代を体現する映画が蜷川実花によって撮られなければならなかったのだろうか。

2　ファッション誌の「ニナミカ」

改めて言うまでもなく、写真家・蜷川実花論はすでにたくさん存在している。(1) 一九七二年に演出家・蜷川幸雄の娘として生まれ、多摩美術大学を卒業後、写真家の道を歩き始めた蜷川実花は、二〇〇一年、同じく若い女性であるヒロミックス、長島有里枝とともに第二六回木村伊兵衛写真賞を受賞している。これは、第一三〇回芥川賞における綿矢りさと金原ひとみのW受賞のようなもので、写真界に「女の子写真」「ガーリーフォト」(2) ブームを巻き起こすきっかけとなった。いわゆる「女の子写真」の代表選手として、彼女は評価され、論じられてきたのである。

二〇〇七年には安野モヨコ原作の映画『さくらん』(3) の監督も務めるなど、活動も多岐に渡るようになり、蜷川実花は写真家の領域を超えた「ニナミカ」として、とりわけ「女子」たちの絶大な支持を得る存在になっていく。

現在、女の子たちの圧倒的な支持を集めている写真家が蜷川実花（一九七二年東京生まれ）である。「蜷川ワールド」と称される彼女の写真は、ファッション雑誌、映画、広告などでひっぱりだこであり、写真集や関連グッズの売り上げも他の「女子写真」家より圧倒的に多い。「蜷川ワールド」のすべてを女の子たちは「かわいい」と承認する。（馬場 2011：69）

なぜ、「女子」たちは「ニナミカ」にこれほど惹かれるのだろうか。馬場伸彦は、蜷川実花について論じた『「かわいい」と女子写真』の中で、彼女の写真における「装飾的で虚構的な『女子の妄想に完璧な形を与える』演出力は、それを見る女の子たちの「かわいい」という感受性と響き合う。女の子であれば誰もが望む世界がそこにコラージュされ、具体的なイメージとなって現れている」（馬場 2011：72）からだと指摘している。

つまり、花でも、人物でも蜷川実花が撮るとその対象は、たちまち女の子が「見たいもの」になるのである。「見たいもの」とはすなわち、「かわいいもの」、「ファッショナブルなもの」であり、人物であれば「人形としての私」である。

だから、そのままではファッショナブルとは言い難いAKBも、蜷川実花の手にかかれば、ファッショナブルになる。ファッション誌の「女子」に変身するのだ。「女子」が「見たいもの」へと変身するのだ。「ヘビーローテーション」がAKB最大のヒット曲となったのも、蜷川実花がジャケット写真のプロデュースとミュージックビデオを手掛けたせいではないか。「蜷川マジック」のおかげで、AKBメンバーは制服風ファッションの「会いに行けるアイドル」ではなく、見事にランジェリーを着こなすファッショナブルな「蜷川ワールド」の住人になっていた。それは、なぜなのか。なぜ、蜷川実花は、「女の子であれば誰もが望む世界」を「見たいものを、見せてあげる」ことができるのか。

それは、蜷川実花本人が、無類のファッション・オタクであるからだ。彼女自身がファッションを楽しんで着こなしているからなのだ。蜷川の写真とエッセイからなる『オラオラ女子論』（蜷川2012）には、さまざまなファッションを着こなす「ニナミカ」自身のスナップ写真がたくさん掲載されている。「ヒョウ、ヘビ、スパンコール……女子ウケ全開のオラオラコーデ」や「カラフルな花が溢れるTHE NINAGAWAファッション」が公開されているのだ。ヒョウ柄、花柄といったカラフルな色使い満載のワンピース（ドレス）を中心としたコーディネートは、百花繚乱という形容が相応しく、まさにおびただしい色彩からなる彼女の写真の世界そのものである。その多くは、プラダ、マーク・ジェイコブス、ランバン、フィリップ・リムなどモードなハイブランドから成り立っている。

しかし、「ニナミカ」はシャネルやエルメスといったコンサバティブなハイブランドも否定しない。それどころか、「女性ならいつかはシャネルＪＫ持ちたい的な願望ってあるじゃん？」（蜷川2012：113）とコンサバティブなブランドへの「憧れ」を口にし、コーディネートに積極的に取り入れるのだ。

ただし、たとえコンサバティブなハイブランドを合わせていても、彼女自身が「唯一持っている憧れのCHANELジャケットがあえて紫というところがお気に入り（笑）。インナーTは「VOLCOM」「HERMESのショッキングピンクのバーキン。Alexander McQueenのピンクのスカーフと合わせているのがポイント」（蜷川2012：30）というように、決して、色使いやコーディネートで『VERY』

風のコンサバティブなファッションにはならないところが、「蜷川ワールド」たる所以である。「自分の格好を変に決めつけたりせず、会う人や場所や国によって服装を変えます。だからファッションの幅は広い。でも結局、何を着ても蜷川実花の範囲にはなるんだけど（笑）」（蜷川 2012：29）と豪語し、ファッションは「基本、コスプレ」と言い切る彼女にとっては、モードな服も、バーキンも同じ「コスプレ」の素材にすぎないのだろう。と同時に、著書からは「コスプレ」を心から楽しんでいる姿が見受けられる。誰よりもファッション好きであることが伝わってくる。

極めつけは、妊娠中の自らの身体に対しての心情を吐露したコメントだ。

「妊娠中にインタビューを受けて私だけですよ、『妊婦って超やってらんねー』って管巻いてたの（笑）。何が嫌かって、太るのが一番嫌だった。妊娠中の1年間は、服が着れないからトレンドを見送らなきゃいけない。それがファッションに関わる者としてどれだけ屈辱か（笑）」（蜷川 2012：83）

そうなのだ。妊娠による身体変容は、母になる女性にとっては何にも代えがたい喜びかもしれないが、ファッション誌の「女子」にとっては耐え難い「屈辱」なのである。心からファッションを楽しむ機会を約一年間奪われるのだから。昔に比べて妊婦ファッションがおしゃれになったとはいえ、それはあくまでも「別物」（別腹？）である。マタニティ・ファッションが比較的流行の要素を取り入れるようになったにすぎない。あくまでも通常のモードやファッションの世界とは次元が別なのだ。二〇余年、あるいは三〇年以上生きてきて初めて、ファッション誌の「女子」は、趣味を強制的に取り上げられるのだ。母になることと引き換えに。しかし、一般的に母になる喜びの前には、ファッション誌の「女子」の「屈辱」など取るに足りないものとされている。むしろ、「母性」とはファッションなどを軽く凌駕するものだと考えられている。だが、蜷川実花はその「常識」に真っ向から異を唱えた。「母性」よりも「ファッション性」。妊婦の食欲より「女子」の飾欲。それこそ、蜷川実花がファッション誌の「女子」そのものであることを示しているのではないだろうか。

「写真」というジャンルで自己表現しているが、彼女は、間違いなく腐女子ではなく、こじらせ女子でもなく、いわゆる文化系女子でもない。『オラオラ女子論』では前述のような自らのファッション紹介と「女子」についてしか語られていない。仕事における心構えなどは述べられているが、写真や作品について熱心に語られることはなく、むしろファッションについて非常に熱心に語られている。

つまり、ファッション誌で蜷川実花がこれほど重宝されているのは、本人がファッション誌の「女子」を代表する存在であるからに尽きる。これほど「女子」を着ることを実践している写真家は他に類をみないからである。

だから、ファッションの世界にもどんどん彼女は進出していく。例えば、ファッション・ブランドのエトロやアナスイ、化粧品のシュウウエムラが蜷川実花とのコラボレーションを行っている。ファッション・ブランドがアーティストとコラボレーションを行うことは別に珍しいことではない。ルイ・ヴィトンなどは村上隆や草間弥生らとコラボレーションしたバッグを期間限定で、すでに発売している。しかし、村上隆も草間弥生もファッション誌の「女子」ではないため、その作品は非常に「アーティスティック」である。だから、限定発売となったバッグもファッション誌の「女子」より、むしろアートファンの関心を集めたのではないだろうか。一方、蜷川実花とのコラボレーションは趣を異にしている。エトロのバッグも、アナスイのアクセサリーもシュウウエムラの化粧品ボトルも、彼女独特の鮮やかな色彩や世界観を表現したものでありながら、「かわいい」もの、ファッション誌の「女子」が「欲しい」と思えるような、商品に仕上がっている。それは、ファッション誌の「女子」である「ニナミカ」だからこそ成せる技なのである。だから、今後もコラボ商品は増えていくであろう。彼女がファッション誌の「女子」を代表する存在である限り。二〇一四年四月、東京・青山にインテリアファッションブランドであるザラ・ホームの旗艦店がオープンしたが、そのウィンドウは蜷川実花の世界観を表現したディスプレイで埋め尽くされた。このように、彼女が作り出す空間はますます拡張していくのである。[4]

3 「女子」を生きる「ニナミカ」

ファッション誌の「女子」として、四〇歳を超えてもさまざまなファッションを楽しみ、「女子」を着る「ニナミカ」。一方で、彼女は第一章でも述べたように、一児の母『MAMAMARIA』としても生きている。「女子」でありながら「母」でもある彼女の日常は、超多忙であり、「とにかく全力疾走の日々、毎日ジェットコースター」（蜷川 2012：134）である。確かに朝七時に起床してから夜二二時に「夜遊び」に出かけるまで、家事、育児、仕事を次々とこなす。そのうえで「その後夜遊びへ♪」と繰り出すわけだから全く休む暇がない。しかし、寸暇を惜しんで、すべてに全力投球するのは、「全部欲しいし経済的にも自立していたいし自分で全部選びたい」（蜷川 2012：20）からなのだと言う。

そのような「ニナミカ」の姿に「女子」は共感しているのではないだろうか。結婚離婚を繰り返し、一児の母でありながら「過激」に生きる「ニナミカ」。四〇歳を過ぎても、子供がいても、ランバンのドレスやシャネルのジャケットを着て、夜遊びに出かける「ニナミカ」。お洒落にも、仕事にも、育児にも、全力投球する「ニナミカ」。それはまさに、好きな服を着て、好きに生きているということの証であろう。「女子」を着て、「女子」を生きる「ニナミカ」を「女子」たちは支持しているのである。「女子写真」家としてだけではなく、いくつになっても「大人女子」という生き方を実践している「ニナミカ」に「女子」たちは憧憬のまなざしを向けているのだ。だから、蜷川実花写真展には、ファッション誌の「女子」が大挙して押しかけ、「さながら音楽ライブ会場のようだった」（馬場 2011：69）と形容されるのである。映画『ヘルタースケルター』の大ヒットも「ニナミカ」効果によるものだろう。

そんな「ニナミカ」は、もちろん「大人女子」という生き方を実践するだけでなく、謳歌している。「女子であることはすごい楽しんでるし、次生まれ変わる時も女子がいい」（蜷川 2012：15）と述べたうえで、人生の「大きなメインテーマは〝いつまで現役女子でいけるのか〟死ぬまで絶対現役でいたいし、しかも今のままのスピードで駆け抜けていきたい」（蜷川 2012：117）とまさに「好きに生きてこそ、一生女子」宣言をするのだ。これほど、ファッション誌の「女子力」が高い写真家はいないだろう。だから、彼女が生みだす作品だけでなく、彼女自身もまた「女子」の圧倒的な支持を集め続けるのだ。最も「女子力」の高い「女子」写真家として。

その「女子力」は、ファッション誌における作品において最も効果的に発揮されている。大人だけどガールを掲げたファッション誌『andGIRL』には、特筆すべき連載ページが存在する。それは、創刊二号から始まった平子理沙と蜷川実花によるコラボレーション、「カレンダー GIRL 季節のコスプレ」である。毎月、「お正月」「バレンタインデー」など季節的なテーマに基づいて平子理沙が作りこんだコスプレをし、蜷川実花が撮る。「女子」のカリスマを最も「女子力」の高い写真家が撮るのだ。それはまさに「女子」のまなざしを内包した「女子の、女子による、女子のための写真」である（つまり、映画『ヘルタースケルター』がそうであったように）。「女子」がいちばんなりたい平子理沙を、「女子」の蜷川実花が、「女子」のいちばん見たい平子理沙に仕立て上げるのだ。或る時は、花魁のように妖艶に、或る時はブリジット・バルドーのようにコケティッシュに。平子理沙と蜷川実花は変幻自在に、究極の「女子」像を表象する。しかし、それは決して男性のために作られた媚態ではない。過剰な装いと過剰な化粧、そして過剰な色彩の洪水は、むしろ、男性を拒絶し、排除しようとしているかのようだ。「女子」の「見たいもの」と男性の「観たいもの」は違う。「女子」が「なりたいもの」と男性が「ならせたいもの」は違うのだ。平子理沙と蜷川実花のコラボレーションはそれを明確に見せつける。本当に、「女子」はAKBになりたいのだろうか。男性が作り上げたシステムの中で、男性によって「観たいもの」にさせられるよりも、「女子」の手によって「見たいもの」に変身したい、「なりたいもの」になりたいのではないだろうか。過剰なネイルやまつげやリボンやラインストーンの流行がそれを示しているではないか。ファッションやメイクを全力で楽しんでいるからこそ、「女子」は「ファッションモンスター」になったり、「つけまつける」のではないだろうか。なりたいものに、なりたい。そこには「女子」の意志が存在する。

蜷川実花もまた、そのことを公言してやまない。「自分が好きな自分でいつもいたい」(蜷川 2012 : 21)とは、「なりたいものに、なりたい」ということだ。だから、蜷川実花は自分が「なりたい」と思う「女子」を撮る。撮ることで彼女は、その対象に同化する。それだけでなく、日常的に自らが「女子」として、バービー人形のようなコスプレをし、「なりたい自分」になろうとするのだ。自らのブログや著書で、ヴァラエティ豊かな「女子力の高いオラオラコーデ」を公開するのはそのためである。

それにしても、蜷川実花をはじめ平子理沙そしてきゃりーぱみゅぱみゅに至るまで、なぜ、ファッション誌の「女子」たちは、オシャレをするのか、キレイになりたいと願うのか。なぜ、「自分が好きな自分でいつもいたい」と思い「なりたいものにな」ろうとするのか。もう一度、蜷川実花の言葉を借りよう。「私たちが美しくありたいのは、男性に選ばれたいだけじゃない。同性に、キレイと言われたいからだけでもない。結局は、自分のためにキレイでいたいんです」(5)。

やはり、蜷川実花の答えも「私に萌える」ため＝「私萌え」に収斂していく。すなわち、「鏡よ鏡。世界で一番美しいのは誰？」という質問に「それは、私」と答えるためなのだ。そこには、男性はもちろん女性の観客すら必要ない。鏡の前にいるのは私だけだ。極めて自己充足的なナルシスティックな空間にファッション誌の「女子」たちは生きている。着せ替え人形のように、「私」を遊ぶために。キレイになった「私」に萌えるために。ファッション誌の「女子」たちは、ファッションやメイクを全力で楽しむのである。いつまでも、「卒業のない女子校」において。

そして、蜷川実花の写真は、常に、その「私萌え」の瞬間を鮮やかに切り取っているのだ。鏡の前で人形となった「女子」たちの「私萌え」の瞬間を。「見せたいもの」と「見たいもの」が一致する、つまり「なりたいもの」と「私」が一致するその瞬間を。自らがファッション誌の「女子」だからこそ、「ニナミカ」にはその瞬間が理解できる。「女子」のまなざしを持った写真家として、その瞬間を鮮烈なまま封じ込めることができる。だから、「女子」たちは蜷川実花に撮られたいと思うのだ。究極の「人形的瞬間」を「女子」写真家である蜷川実花に撮ってもらいたいと願うのである。

4　仮装と武装

こうした自己充足的な「私萌え女子」の姿は、もちろん蜷川実花が監督をした映画『ヘルタースケルター』の中にも見て取ることができる。蜷川実花の自宅を思わせるような、キッチュな家具や小物と色彩が横溢する主人公「りりこ」の部屋。そこに、棲んでいるのは、過剰な装いと化粧を纏った人形としての「りりこ」である。これは、「女子」が夢見るリカちゃんハウスであり、リカちゃん人形なのだ。もちろん、バービーハウスとバービー人形と言い換えてもかまわない。美しい「私」の身体、美しい「私」が纏う服やアクセサリー、そして美しい「私」が棲む部屋。それはまさに「身体の拡張」としての衣服であり、空間である。そこで、「女子」たちは誰のためでもなく、「私」のために、「私」に萌えるのである。

映画においてりりこの部屋は、外部からのまなざしを遮断し、ナルシシズムを醸成・充足させる鏡像空間として演出されていた。言い方を変えれば、映画においてりりこの部屋は、お気に入りの「ガーリー」なモノと〈美しい〉私が充満する「繭」のような自己充足的空間として設定されていたといえる。こうした、庇護と安寧を与える「繭」としての「部屋」というモチーフは、原作には希薄な要素であり、映画において新たに付け加えられた蜷川的要素であるといえる。

（杉本 2012：101）

マンガ研究者の杉本章吾は、「外部からのまなざしを遮断し」た、この自己充足的でナルシスティックな「私萌え」の空間を「繭」と表現する。確かに、男性や社会からの視線を撥ねつけ、ひたすら「私」に萌える「女子」たちの姿は、繭籠り《コクーニング》的な要素を持っており、外部世界から「私」を守るバリアとしての役割を担っていると言えるだろう。

そして、杉本も指摘するように、「私萌え」空間としての部屋あるいは、「りりこ」が美しい「私」に「萌え」る姿というものは、岡崎京子の原作にはほとんど見当たらない。むしろ、原作では化粧や身体改造に対する嫌悪と、蝕まれ崩壊していく身体への恐怖が重点的に描かれる。「りりこさんの美しさのヒケツは？」とインタビュアーに問われた「りりこ」は、即座に「やだぁ～何もしてませんよ～よく食べるし～」と答えた後で、「あたしがどんな思いで今の体重をキープしているか……どれだけ時間とお金をかけてこの白い肌を守ってるかとか　あんたたちに分かってたまるもんか!!」と声に出しては言えない本音を独白するのだ。(6)

確かに、八〇年代から九〇年代の初めにかけての日本では、まだこの「りりこ」のように、美のためにあらゆる努力をしていても、「何もしていない」と嘯く「自然体」の女優やモデルが主流だった。しかし、「コスメの時代」(7)の到来以降、彼女たちは、努力していることを隠さなくなった。むしろ、藤原紀香や君島十和子のように、さまざまな努力をしていることを積極的に誇示する女性が支持されるようになった。

九〇年代も中頃になると、女性たちは化粧による「私遊び」を始めたからである。「キレイになりたければ、身体改造すればいい」そんな当たり前のことを、女性たちは改めて知ったのだ。コスメティック・プレイという「私遊び」を通して。そして、「私」に萌えることを覚えたのだ、「女子」たちは。ファッション誌の「女子」である蜷川実花は、そのことを自らの身体を通して、理解している。だから、彼女はファッション誌の「女子」のために『ヘルタースケルター』を撮ったのだ。自らが撮らねばならないと思ったのだ。「女の私が撮ることで、りりこを通じて女性の感覚を代弁できるかもしれない(8)」と。それは、ファッション誌の「女子」として、「女子」たちの「人形的瞬間」を撮り続けてきた蜷川実花だからこそ、可能になった作業であった。

「主人公りりこの圧倒的な美しさと華やかさと装飾は、おびただしい色彩とため息がでるほど決まったグラビア、眩しいストロボの光が、最高の水準で繰り返され、しかも流れ去っていくことで、原作以上に現実のものとして、見ている人に体感される。これができるのは蜷川実花をおいてない」（藤本 2013：7）。

「見たいものを、見せてあげる」という「ファッション誌の女子の、ファッション誌の女子による、ファッション誌の女子のための映画」はこうして完成したのである。

「見たいものを、見せてあげる」と「なりたいものになりたい」は蜷川実花という「女子」写真家と「ニナミカ」というファッション誌の「女子」の身体において見事に呼応しているのだ。だから、映画『ヘルタースケルター』で描かれるのは何よりもまず、今の「私」がいちばんキレイと思いたい、バービー人形のように、鏡の前で「私」を着せ替えたいというコスプレ（仮装）の欲望である。蜷川実花は、沢尻エリカという類い稀なる素材を使って、仮装による「人形的瞬間」をこれでもかと見せつけた。そこには、八〇年代の戸川純がすでに示していた「我一塊の肉塊なり」という自らの身体をも相対化するまなざしが色濃く反映されている。自らの身体に対する諦観と身体改造の欲望は表裏一体だ。蜷川実花が戸川純の影響を受けていることは、映画『ヘルタースケルター』の挿入歌として戸川純の「蛹化の女」が使用されていること(9)からも明らかである。やはり究極の「女子」を表現するための映画には、戸川純の歌が不可欠だと判断したためであろう。ここでも、戸川純の蒔いた種が花を咲かせているのだ。「ガーリー」という名の私に萌える「人形的瞬間」として。

このように、「女子」たちがファッションや化粧によって美しくあろうとするのは、第一に仮装による「人形的瞬間」のため、「私」に萌えるためなのだ。「外部からのまなざしを遮断し」たこの自己充足的でナルシスティックな空間で、繭籠《コクーニング》りするためだと言えるだろう。

しかし一方で、「私萌え女子」も、籠ってばかりではいられない。現実に立ち向かわねばならない時もある。例えば、二〇一一年の東日本大震災後、とりわけ女性にとって、化粧の持つ力が以前にもましてクローズアップされるようになった。盛岡市の広告会社の男性と有志カメラマンが立ちあげた復興ポスタープロジェクト「復興の狼煙」の一枚には、次のようなコピーが書かれていた。

「お化粧をして立ち向かう」――いったい何に立ち向かうのか。もちろんここでは、震災後という現実を指しているが、それは言い換えれば、私を取り巻く世界に果敢に立ち向かうということであろう。過酷な現実に立ち向かうためには、日常を取り戻すためには化粧が必要なのだ。化粧をすることで、女性は、物事に立ち向かう力を、強さを得る。「女子」はどんな状況下であっても、「キレイになれば強くなれる」のだというメッセージ。それは、映画『ヘルタースケルター』の意図するところでもある。

「昔は……強くなかったと思う……やせてきれいになってから　どんどん強くなったと思う……」[10]

――岡崎京子の原作にも描かれているメッセージを蜷川実花は、映画の中でいっそう強調するのだ。

「きっと自分が自分として立っているための鎧として美しくいなきゃいけないって思っているのかなと考えたりもするんです。今回の映画にも出てくるんですけど、『強いからきれいになれる』んじゃなくて、『きれいになるから強くなれる』ということに私は固執したんですね」[11]。

つまり、化粧や装うことによってキレイになる、「なりたい自分になる」ということは、「女子」が世界に立ち向かうための武装でもあるのだ。仮装によって世界を拒絶する一方で、武装によって世界に立ち向かう。繭と鎧。ファッションや化粧が「女子」にとって不可欠なのは、仮装と武装――繭と鎧という一見アンビバレントな要素が、どちらも「女子」を守るための力、「女子」として好きに生きていくための力――ファッション誌の「女子力」になっているからである。

ファッション誌は、単に流行を伝えているわけではない。ファッションや化粧の仕方を教えているだけではない。消費の欲望を喚起しているだけではない。ファッションや化粧を通して、女性たちを鼓舞し、女性たちを勇気づけるという重要な役割もまた担っているのである。だからこそ、四〇年以上もファッション誌は読まれ続けてきたのだ。「卒業のない女子校」であったからこそ、「女子」の「女子」による「女子」のための装いを提示し続けてきたのだ。着ることは生きることだと言い続けてきたのだ。これ以上に、「女子」の人生に寄り添っているメディアが他にあるだろうか。

そして何よりも、ファッション誌によって、「女子」は生みだされた。好きな服を着て、好きに生きるということ、「女子」を着て、「女子」を生きるということが、二一世紀の初頭、ファッション誌というメディアによって可能となったのだ。「女子」たちは、装うことで、「常識」を超え、年齢を超え、時には価値観や、規範を揺るがせる。その時、服を着ることや化粧をすることは、瑣末な日常の営みを超え、繭と鎧になり、「女子」を守る力となるのである。

不惑を過ぎてもミニスカートを手に取る時、妻であってもライダースジャケットを身に付ける時、母であってもキラキラのネイルアートを施す時、女性たちは、「女子」として、何かに確実に抵抗し、何かを確実に変えているのではないだろうか。

注

(1)飯沢耕太郎に代表される写真評論家が蜷川実花らを評価し、九〇年代の「ガーリー・フォト」ブームを作ったとされる。

(2)「女の子写真」と「ガーリーフォト」は同義で使われている。一九九〇年代後半に当時、一〇代から二〇代の若い女性たちが撮った写真が脚光を浴びた。代表的な写真家としては蜷川実花をはじめ、ヒロミックス、長島有里枝など。日常的な風景をコンパクトカメラで写し取ったような作品が多い。

(3)蜷川実花の愛称。「こじはる」や「タキマキ」と同じレベルで呼ばれること自体、彼女が従来の写真家の枠を超えて受け止められていることの表れであろう。

(4)例えばエトロのバッグは、ブランドのシンボルであるペイズリーを、鮮やかなバタフライやカラーストーンで埋め尽くしたデザインであり、その色使いからも一目で蜷川実花とのコラボ商品であることがわかる。

(5)『FRaU』(講談社)二〇一二年八月号「蜷川実花による、映画『ヘルタースケルター解体新書』」より。

(6)岡崎京子『ヘルタースケルター』(祥伝社 2003:37-38)における主人公「りりこ」の科白。

(7)元女優で現在は化粧品ブランド「フェリーチェトワコ」のクリエーティブ・ディレクターとして活躍している。「美のカリスマ」として人気が高く、『十和子塾』(集英社)など美容法を公開した著書はいずれもベストセラーとなっている。

(8)映画『ヘルタースケルター』「プロダクションノート」より蜷川実花のコメント。

(9)映画『ヘルタースケルター』の公開を記念して、発売された戸川純のベストアルバムも蜷川実花が選曲している。蜷川実花が人生で最も多く聞いた曲が、戸川純の「蛹化の女」であり、「初めて聞いた小学生の時から、今の今まで、私にとって一番大切な曲」だと言う。だからこそ、彼女は映画の挿入歌として使用したのであろう。

(10)岡崎京子『ヘルタースケルター』(祥伝社:2003:231)より。「全身整形」する前のかつての

「りりこ」を彷彿とさせる肥満気味の「りりこ」の妹が、美しく変貌した姉に対する想いを吐露した科白。

(11)「インタビュー　Blossomimg of NinaMika 蜷川実花の〈成熟／開花〉」『ユリイカ』二〇一二年七月号、119頁。この号の『ユリイカ』では、「蜷川実花　映画『ヘルタースケルター』の世界」という特集が組まれた。

あとがき

ファッション誌の「女子」の声は届きにくい。なぜなら「文章を書く」仕事をしている女性の多くが、ファッション誌の「女子」ではないからだ。研究者、大学教員、新聞記者、編集者、作家、ライター、みんなファッションよりも大切なものがあると考えている。ファッションライターであっても心ではそのように思っているかもしれない。だからこそ、「文章を書く」仕事に就いた人が多数派だろう。

特に、大学院や研究者の世界では、ファッションは不要とすら考えられている。「小保方さん」があんなに騒がれたのも、本来ファッション誌の「女子」がいないはずの世界に、少しだけその片鱗が窺える女性が現れたからなのだ。

私自身もまた、ファッション誌の「女子」が極めて少ない世界に長年棲んでいる。実は筋金入りのファッション誌の「女子」でありながら。それゆえ、大学院という選択をした時から、常にそれなりの「苦労」が付きまとった。間違っても「JJガール」風に見えてはいけない、シャネルが欲しいと言ってはいけない。三度の飯より化粧好きと悟られてはいけない、等々。

しかし研究として、ファッションに本格的に対峙するようになり、コスメやファッション誌に関する本を書くようになってからは、逆にファッション誌の「女子」の声を代表すればいいのだと思えるようになった。むしろ、サイレント・マジョリティである彼女たちの声を代弁しなければならないのではないかと。

昭和の少女のバイブルである『赤毛のアン』には、ファッション誌の「女子」にとって極めて重要なシーンが登場する。「ふくらんだ袖」である。流行の「ふくらんだ袖（パフスリーブ）」の服がどうしても欲しいというアンに対し、母親代わりのマリラは、くだらないと突っぱね、そんな虚栄心は持つべきではないと諭す。しかし、父親代わりのマシュウはこっそりアンに「ふくらんだ袖」のドレスをプレゼントしてやるのである。その時のアンの喜びがわかるだろうか。このシーンに深く共感したなら、あなたはきっとファッション誌の「女子」である。

これこそが、ファッション誌の「女子」の原点なのだ。「ふくらんだ袖」がどうしても欲しいというアンの気持ちは、ノーブランドではなく、ミルクのセーターが欲しいと駄々をこねた一四歳の私に直結している。そのまま「オリーブ少女」となった八〇年代の私に重なるのだ。それから、幾星霜を経たが、今も私の中には、「アン」が存在するのだろう。流行を追うこと、「欲しい服が、欲しいわ」という気持ちは一向に衰えを見せない。相変わらず研究者の世界に棲息していても。そんな私の想いが甲南女子大での「ファッション・ビューティー論」受講者たちやゼミ生に伝わるのだろう。「ファッションやメイクのことを考えている時がいちばん楽しいのに、そんなことがわからない男の人は本当にかわいそうだと思います！」「日本一、女子であることに誇りを持てる学科でした！」

そう、私はいつもあなたたち、ファッションが大好きな「女子」の代弁者でありたいのだ。ファッション誌の「ニナミカ」が写真や映画というメディアを通して、「女子」の代弁者であるように、「文章を書く」ことを通して、「女子」を代弁したいのである。「ふくらんだ袖」を欲しいと思う「女子」の気持ちを、ファッション誌の「女子」ではない人たちにもわかるように書かねばならないのである。本書で、いくらかはその使命が果たせただろうか。

最後になりましたが、ファッション誌の「女子」について考えるきっかけを与えてくれた女子学研究会のみなさんに御礼を申し上げます。また、現役女子として、いつも刺激を与えてくれるゼミ生をはじめとする甲南女子大生（南女ガール）のみなさん、それから、同じファッション誌の「女子」として常に心強いエールを送ってくれるライターの中沢明子さんにも感謝の言葉を述べたいと思います。

『コスメの時代』に続き、勁草書房の松野菜穂子さんには大変お世話になりました。今回も松野さんのお陰で、この本が世に出たことをとても嬉しく思います。本当に、ありがとうございました。ファッション誌の「女子」の声が、たくさんの人に届くことを願って。

米澤　泉

二〇一四年四月

索　引

さ 行

た 行

な 行

は 行

ま　行

や　行

ら　行

わ　行

参考文献

アクロス編集室編，1995，『ストリートファッション 1945-1995』パルコ出版

アエラ編集部編，1996，『ファッション学のみかた。』朝日新聞社

雨宮まみ，2011，『女子をこじらせて』ポット出版

安野モヨコ，2001，『美人画報ハイパー』講談社

馬場伸彦，2011，「『かわいい』と女子写真」馬場伸彦・池田太臣編『「女子」の時代！』青弓社

Baudrillard, Jean, 1981, *Simulacres et simulation*, Paris: Editions Galilee＝(1984，竹原あき子訳『シミュラークルとシミュレーション』法政大学出版局)

ジレンマ＋編集部編，2013，『女子会 2.0』NHK 出版

江國香織，2001，『東京タワー』マガジンハウス

藤本由香里，2013，『きわきわ』亜紀書房

深井晃子，2014，「不連続の連続――日本ファッションの細胞」『FUTURE BEAUTY 日本ファッション――不連続の連続』展図録 京都服飾文化研究財団

Friedan,Betty, 1963, *The Feminine Mystique*, NewYork: Norton. ＝(1965，三浦冨美子訳『新しい女性の創造』大和書房)

『現代用語の基礎知識 2007 年版』2006，自由国民社

『現代用語の基礎知識 2014 年版』2013，自由国民社

Hakim, Catherine, 2011, *HONEY MONEY: The Power of Erotic Capital*, London: Penguin Books.＝(2012，田口美和訳『エロティック・キャピタル――すべてが手に入る自分磨き』共同通信社)

浜崎廣，1998，『雑誌の死に方――“生き物”としての雑誌その生態学』出版ニュース社

秦早穂子，1990，『シャネル 20 世紀のスタイル』文化出版局

原志保，2011，『原志保の愛されボディメイキング』洋泉社
林真理子，1999，『美女入門』マガジンハウス
林真理子，2013，『野心のすすめ』講談社現代新書
平子理沙，2009，『Little Secret』講談社
今田絵里香，2007，『「少女」の社会史』勁草書房
井上輝子・女性雑誌研究会編，1989，『女性雑誌を解読する』垣内出版
石崎裕子，2004，「女性雑誌『VERY』にみる幸福な専業主婦像」『国立女性教育会館研究紀要』第八号
河原和枝，2011，「女子の意味作用」馬場伸彦・池田太臣編『「女子」の時代！』青弓社
君島十和子，2006，『十和子塾』集英社
木村涼子，2010，『〈主婦〉の誕生――婦人雑誌と女性たちの近代』吉川弘文館
北村透谷，1974，「厭世詩家と女性」『現代日本文學大系 6　北村透谷・山路愛山集』筑摩書房
古賀令子，2009，『かわいいの帝国』青土社
小山静子，1991，『良妻賢母という規範』勁草書房
Matchar,Emily，2013，*Homeward Bound: Why Women Are Embracing the New Domesticity*, NewYork: Simon & Schuster. ＝(2014，森嶋マリ訳『ハウスワイフ 2.0』文藝春秋)
松谷創一郎，2012，『ギャルと不思議ちゃん』原書房
南谷えり子，2004，『ザ・スタディ・オブ・コムデギャルソン』リトルモア
水谷雅子，2012，『美魔女ビューティ』双葉社
Muir, R., Bush, K., Walker, T. and Ansel, R., 2012, *Tim Walker: Story Teller*, London: Thames & Hudson.
村上隆編，2005，『リトルボーイ――爆発する日本のサブカルチャー・アート』ジャパン・ソサエティー/イエール大学出版
中森明夫，1987，『東京トンガリキッズ』JICC 出版局
中森明夫，1988，『オシャレ泥棒』マガジンハウス
中野香織，2010，『モードとエロスと資本』集英社新書

中沢明子，2008，『それでも雑誌は不滅です！』朝日新聞社
蜷川実花，2012，『オラオラ女子論』祥伝社
小倉千加子，1994，『女の人生すごろく』ちくま文庫
小倉千加子，2003，『結婚の条件』朝日新聞社
岡崎京子，1992，『東京ガールズブラボー　上巻』JICC 出版局
岡崎京子，1993，『東京ガールズブラボー　下巻』JICC 出版局
岡崎京子，2003，『ヘルタースケルター』祥伝社
斎藤美奈子，2000，『モダンガール論』文藝春秋
斎藤環，2012，「溶岩とバービー人形」『ユリイカ』2012 年 7 月号
酒井順子，1996，『マーガレット酒井の女子高生《リセエンヌ》の面接時間』角川文庫
酒井順子，2003，『負け犬の遠吠え』講談社
杉本章吾，2012，「岡崎京子から蜷川実花へと受け継がれるもの」『ユリイカ』2012 年 7 月号
杉浦由美子，2006，『腐女子化する世界』中公新書ラクレ
高橋源一郎，2013，『国民のコトバ』毎日新聞社
竹信三恵子，2013，『家事労働ハラスメント』岩波新書
竹内一郎，2005，『人は見た目が 9 割』新潮新書
戸川純，2012，「残酷と哀しみと、少女性ではなくガーリーと」『ユリイカ』2012 年 7 月号
上野千鶴子，1992，「女性誌ニュージャーナリズムの同世代史」『増補〈私〉探しゲーム』ちくま学芸文庫
上野千鶴子，2010，『女嫌い――ニッポンのミソジニー』紀伊国屋書店
上野千鶴子・湯山玲子，2012，『快楽上等！』幻冬舎
VoCE 編集部，2007，『紀香バディ！』講談社
鷲田清一，1989，『モードの迷宮』中央公論社
渡部周子，2007，『〈少女〉像の誕生――近代日本における「少女」規範の形成』新泉社
山田昌弘・白河桃子，2008，『「婚活」時代』ディスカヴァー携書
山田佳子，2013，『美魔女・山田佳子もう怖くない 49 歳の崖』光文社
山本耀司・宮路泉（聞き手），2013，『服をつくる――モードを超えて』

中央公論新社
米澤泉，2008,『コスメの時代――「私遊び」の現代文化論』勁草書房
米澤泉，2010,『私に萌える女たち』講談社

著者略歴

1970 年　京都市生まれ
　　　　大阪大学大学院言語文化研究科博士後期課程単位取得退学
現　在　甲南女子大学人間科学部准教授
主　著　『私に萌える女たち』（講談社，2010）
　　　　『コスメの時代――「私遊び」の現代文化論』（勁草書房，2008）
　　　　『電車の中で化粧する女たち――コスメフリークという「オタク」』（KK ベストセラーズ，2006）

「女子」の誕生

2014 年 7 月 20 日　第 1 版第 1 刷発行
2014 年 9 月 10 日　第 1 版第 2 刷発行

著　者　米《よね》　澤《ざわ》　泉《いずみ》

発行者　井　村　寿　人

発行所　株式会社　勁《けい》　草《そう》　書　房

112-0005 東京都文京区水道 2-1-1　振替 00150-2-175253
（編集）電話 03-3815-5277／FAX 03-3814-6968
（営業）電話 03-3814-6861／FAX 03-3814-6854
三秀舎・松岳社

ISBN978-4-326-65389-8　　Printed in Japan
JASRAC　出 1403855-401

http://www.keisoshobo.co.jp